कामयाबी
Unlimited

कामयाबी Unlimited

(आपके जीवन की उड़ान योजना)

ब्रायन ट्रेसी

प्रभात
पेपरबैक्स
www.prabhatbooks.com

प्रकाशक

प्रभात पेपरबैक्स

4/19 आसफ अली रोड, नई दिल्ली–110002

फोन : 23289555 • 23289666 • 23289777 ❖ फैक्स : 23253233

इ–मेल : prabhatbooks@gmail.com ❖ वेब ठिकाना : www.prabhatbooks.com

संस्करण

प्रथम, 2017

अनुवाद

शशिधर खान

अ.मा.पु.स. 978-93-5266-061-2

KAMYABI UNLIMITED
by Brian Tracy

Published by **PRABHAT PAPERBACKS**
4/19 Asaf Ali Road, New Delhi-110002
by arrangement with Berrett-Koehler Publishers, Inc.

ISBN 978-93-5266-061-2

यह पुस्तक मेरी पुत्री क्रिस्टीना को समर्पित है,
जो एक अच्छी महिला है, ममतामयी माँ है और
डेमन की अच्छी पत्नी है।
क्रिस्टीना, इस किताब की प्रेरणा तुम्हीं हो।
तुम एक विदुषी काउंसलर हो,
समन्वयकर्ता हो और हम सबके लिए
एक रोल मॉडल हो।

उड़ान योजना

रोंडा बिर्ने की सर्वाधिक बिकनेवाली किताब 'सीक्रेट' में उन ऊँचाइयों की बात की गई है, जो व्यक्ति सफलता की सीढ़ियों पर चढ़ते हुए और सफल होने के बाद महसूस करता है। यह आकर्षण का नियम है, क्योंकि उसके बाद लोग आपकी ओर आकर्षित होने लगते हैं। लेकिन अनेक लोगों का मानना है कि आप क्या चाहते हैं और किस दिशा में सफलता पाने की कामना है, ऐसा सोचना बेशक अच्छी शुरुआत है; मगर इतना ही पर्याप्त नहीं है। उड़ान योजना में ब्रायन ट्रेसी ने रहस्य की ऐसी कुंजियाँ बताई हैं, जिनसे कोई भी दीर्घकालिक सार्थक सफलता हासिल कर सकता है।

इस पुस्तक 'कामयाबी Unlimited' में विमान यात्रा के रूपक का इस्तेमाल किया गया है। इससे आप अधिक बड़ी उपलब्धि, आनंद तथा आत्म-तुष्टि के मार्ग की ओर अग्रसर होने के लिए नक्शा तैयार कर सकते हैं।

इन सिद्धांतों को अपनाकर ब्रायन स्वयं बेहद गरीबी से ऊपर उठकर अमीरी तक पहुँचे। निजी उपलब्धियों की बदौलत ब्रायन ने 46 देशों के 40 लाख लोगों को सफलता के गुर सिखाए और दुनिया के गिने-चुने 'सफल गुरु' की श्रेणी में आ गए। जिन लोगों ने ब्रायन का फॉर्मूला अपनाया, उनके जीवन में तत्काल बदलाव आया तथा जीवन के हर क्षेत्र

में सतत विकास हुआ।

सबसे बड़ी खबर यह है कि सफलता कोई किस्मत, परिवर्तन या रहस्यमय शक्तियों का विषय ही नहीं है। बस, यों समझिए कि हवाई जहाज की उड़ान (फ्लाइट) की तरह है। अगर हवा की गति सामान्य और अनुकूल रहेगी तो विमान तेजी से उड़ेगा, अगर प्रतिकूल और तूफानी हवा रहेगी तो फिर देर होगी। लेकिन कुशल पायलट विपरीत परिस्थितियों के बावजूद अपने कौशल से उन नियमों का इस्तेमाल करके गंतव्य तक पहुँच जाता है, जो उड़ान को सफलतापूर्वक सही दिशा में ले जाते हैं। सफलता इससे अलग नहीं है।

'कामयाबी Unlimited' में वर्णित नियमों और सिद्धांतों को सीखकर तथा उन्हें अपने जीवन में अपनाकर आप अपनी अंतर्निहित शक्ति एवं क्षमताओं का भरपूर इस्तेमाल कर सकते हैं। इससे आप जो कुछ भी हासिल करने में सक्षम हैं, उन क्षमताओं के इस्तेमाल का उपयोग करते हुए सफलता की उन सीढ़ियों पर चढ़ने के काबिल बन सकते हैं, जिन्हें पाने की ललक आपके मन में है।

सफलता का वास्तविक रहस्य

'हजारों कदमों की यात्रा सिर्फ एक कदम से शुरू होती है।'

—कन्फ्यूशियस

जीवंत रहने का यह आश्चर्यजनक समय है। मानव इतिहास में ऐसा कभी नहीं हुआ कि ज्यादा-से-ज्यादा लोग अपना लक्ष्य पूरा कर सके हों। अगर कुछ है तो बस, इतना ही है कि आनेवाले वर्षों में जो भी होगा, अच्छा ही होगा। आपका काम उस क्षेत्र में सक्रिय रूप से भाग लेना है, जिसे अर्थशास्त्री लोग मानव जाति का 'स्वर्ण युग' कहते हैं। इस दुनिया में हर कोई स्वस्थ रहना चाहता है। हर कोई अमीर और द्रष्टा बनना चाहता है। साथ में ये भी चाहत होती है कि यह सारा कुछ आसानी से तथा जल्दी से सुलभ हो जाए। तत्काल सुख और समृद्धि हासिल करने की इच्छा विश्वव्यापी है और दुनिया भर में भाँति-भाँति के ऐसे फॉर्मूले, तकनीक, गुर, विशेष उपाय तथा रहस्य ईजाद हुए हैं, जो बिना किसी प्रयत्न के ही सफलता और सुख प्राप्त करने की बात करते हैं।

हर एक-दो साल के अंतराल पर 'द सीक्रेट' जैसी कोई-न-कोई किताब सामने आ जाती है, जिसमें पैसा कमाने और सुखी रहने का आसान तरीका बताया जाता है। 'द सीक्रेट' की अगर मानें तो आपको जो भी करना है, उसी हिसाब से सोचें और फिर अपने विचारों को ठोस रूप देकर आगे बढ़ें। फिर, आप अपने जीवन में वह सबकुछ हासिल कर

सकते हैं, जो आप पाना चाहते हैं।' ऐसा विचार उन लोगों को बहुत भाता है, जो कड़ी मेहनत नहीं करना चाहते हैं और यह बात भूल जाते हैं कि कठिन परिश्रम के बिना कोई बड़ी चीज हासिल नहीं होती। सफलता का वास्तविक रहस्य है कि इसमें कुछ भी नहीं छिपा है। युगों-युगों से चले आ रहे शाश्वत सिद्धांतों पर ही सफलता का रहस्य टिका है। ये सिद्धांत हैं—एक निश्चित दृढ योजना के आधार पर सतत प्रयत्नशील रहना। इसी की बार-बार खोज होती है। सुख, समृद्धि व स्वास्थ्य अचानक हासिल नहीं होता। इसके लिए लगातार प्रयास करने की जरूरत है। यह प्रयास कारण तथा प्रभाव के कड़े नियम पर चलता है।

इस नियम के अनुसार—'प्रत्येक कारण का प्रभाव अवश्य पड़ता है।' इसमें यह भी कहा गया है—'हर प्रभाव के एक या कई कारण होते हैं।' इसका मतलब यह हुआ कि अगर आप निश्चित कुछ भी करें तो उसका निश्चित रूप में परिणाम अवश्य निकलेगा। 'बाइबिल' में कहा गया है—'जो भी आप बोएँ तो उस अंकुर को पकने दें।' न्यूटन ने लिखा है—'हर क्रिया की समान और विपरीत प्रतिक्रिया होती है।'

यहाँ एक सरल नियम है कि अन्य सफल व्यक्तियों की तरह अगर आप काम करें और लगातार, बार-बार प्रयत्न करते रहें तो कोई ताकत आपको सफल होने से नहीं रोक सकती। लेकिन अगर आप बिना किसी प्रयत्न के ही सफल व्यक्ति बनना चाहते हैं तो कोई आपकी मदद नहीं कर सकता। सफलता अचानक नहीं मिलती। यह किस्मत की नहीं, प्रयत्न और हुनर की बात है। सरल शब्दों में, यह कारण और प्रभाव का विषय है।

महान् खोज

मानव इतिहास की सबसे महानतम खोज कदाचित् धर्म, दर्शन, मनोविज्ञान और अध्यात्म का यह मूलभूत सिद्धांत है—विचार ही कारण है तथा स्थितियाँ ही प्रभाव हैं। इसका तात्पर्य है कि आपके विचार आपके

यथार्थ का निर्माण करते हैं। आप दुनिया को इस रूप में न देखें कि दुनिया क्या है, बल्कि यह देखें कि आप क्या हैं। जिधर भी आप नजर दौड़ाएँ, पहले खुद पर नजर गड़ाएँ। विस्तृत अर्थ में लें तो बाह्य जगत् आपके अंत:जगत् का दर्पण है। आप अपने अंदर जो कुछ भी सोचते हैं, उसका असर आपकी बाहर की दुनिया पर पड़ता है। अगर आप जानना चाहते हैं कि किसी व्यक्ति के अंदर क्या गुजर रही है तो पहले यह देखें कि उसके बाह्य जगत् में क्या घटित हो रहा है।

यह सादृश्यता का नियम है—'आपका बाह्य जगत् आपके अंदर की दुनिया से संवाद स्थापित करता है।' इसे आप टाल नहीं सकते। आप बाहर ऐसा कुछ भी हासिल नहीं कर सकते या किसी चीज को पकड़े नहीं रख सकते—खासकर लंबे समय तक के लिए, जिसकी तैयारी आपने अपने भीतर न कर ली हो। आपने सुना होगा कि सफल होने के लिए आपके मन के भीतर समान भाव होना चाहिए।

पहले तो अंदर झाँककर अपने मानसिक अनुपात को तौलें और फिर उससे मिलाकर देखें कि बाहर क्या हासिल करना चाहते हैं तथा उस दिशा में क्या अनुभव कर रहे हैं। बाहर की दुनिया को बदलने के लिए अपने अंदर की दुनिया में बदलाव लाना होगा।

गोथे ने कहा है, 'अगर और चाहिए तो पहले खुद को और अधिक बदलें।'

दूसरे शब्दों में, किसी भी क्षेत्र में एक अलग प्रकार की जिंदगी के सृजन के लिए स्वयं आपको एक भिन्न तरह का व्यक्ति होना होगा। आपको सीखना होगा, विकास करना होगा और वैसे आवश्यक अनुभव प्राप्त करने होंगे, जो आपको एक अद्‍भुत जिंदगी जीने की अंतर्दृष्टि तथा विवेक प्रदान करें। इसमें शॉर्टकट या पतली गली से निकलने जैसा कोई रास्ता नहीं है।

अनेक वर्षों से विश्व भर में मैं हजारों लोगों को अपनी सफलता से

जुड़े रूपक को बताता आ रहा हूँ। जब मैं किसी सफल व्यक्ति को यह रूपक सुनाता हूँ तो यह जरूर कहता हूँ, "आज अगर मैं एक सफल व्यक्ति हूँ तो इसके पीछे यही रूपक है।"

जीवन एक सफर है

कई वर्षों से मैं दुनिया के विभिन्न हिस्सों में और अपने देश के अंदर भी घूम रहा हूँ। विश्व-भ्रमण के क्रम में एक दिन मैंने एक बड़ी अच्छी बात सीखी। 'अगर आप किसी विमान में कहीं भी जाने के लिए सवार होते हैं तो बेशक आपके पास 99 प्रतिशत समय होता है। ठिकाने पर पहुँचने तक खराब मौसम, हवा की गति, बादल, प्रकाश, आँधी-तूफान, पृथ्वी का गुरुत्व आदि के कारण विमान अनेक तरह की परिस्थितियों से गुजरता है।

न्यूयॉर्क जाने के लिए लॉस एंजिल्स से जब विमान उड़ता है तो पायलट लाउडस्पीकर पर आकर कहता है, 'भाइयो एवं बहनो, महिलाओ और सज्जनो, हमारे विमान से सफर करने के लिए धन्यवाद। यह विमान लगभग पाँच घंटे बारह मिनट का समय लेगा और मैं आपको भरोसा दिलाता हूँ कि ठीक पाँच घंटे बारह मिनट बाद ला-गार्डिया हवाई अड्डे पर हम होंगे।'

यहाँ मुख्य बिंदु यह है कि आपके पास जीवन में समय काफी है। यह मायने नहीं रखता कि आप अपनी योजना कैसे बनाते हैं और कैसे तैयारी करते हैं। लेकिन आपका जीवन दो कदम आगे बढ़ेगा तो एक कदम पीछे हटेगा। जीवन में लक्ष्य की ओर सफर शुरू करने के समय से ही आपको लगातार इस पर नजर रखनी होगी कि अपनी त्रुटियाँ सुधारते चलें। आप शुरू करेंगे, रुकेंगे, दाएँ-बाएँ जाएँगे, बाधाएँ आएँगी और प्राय: आपके कदम रोकेंगी। अगर आप स्थायी सफलता चाहते हैं तो फिर इस तरह के अनुभवों से जूझना होगा।

आपको उड़ान योजना बनाने की जरूरत है

एक बुद्धिमान व्यक्ति ने एक बार मुझसे कहा, 'सफलता लक्ष्य है, बाकी सबकुछ कमेंटरी है।' महान् उपलब्धि हासिल करने के लिए आपको स्पष्ट व निश्चित लक्ष्य और योजना की जरूरत है। उसके साथ-साथ यह भी देखना पड़ेगा कि आपके पास आज क्या कार्यक्रम है और भविष्य के लिए आप क्या चाहते हैं। आपको चाहिए एक उड़ान योजना, जो सफर शुरू करने के समय से लेकर पूरे रास्ते आपका मार्गदर्शन करे। उसके बाद ही आप उड़ान भरने की हिम्मत जुटा पाएँगे। विश्वास आपका संबल होगा, लेकिन सफलता की कोई गारंटी नहीं होगी। सफर के दौरान इस बात के लिए तैयार रहें कि आपको सुधार करते हुए आगे बढ़ना है। खासकर यह तो मन में ठान ही लें कि कदम बढ़ाने से पहले दृढनिश्चय कर लें कि लक्ष्य पर पहुँचने तक पीछे मुड़कर नहीं देखना है।

वास्तविक रहस्य 'एक्शन' में

सर्वाधिक अधुनातन मिसाइल अपने लक्ष्य तक सटीक उड़ान भरती है; परंतु इसे पहले दागना होगा। गाइड-मेकैनिज्म के कार्य शुरू करने से पहले इसे अपने लक्ष्य की ओर गतिशील होना होगा।

ठीक उसी प्रकार अपनी क्षमताओं और शक्तियों का इस्तेमाल करने से पहले आपको भी मिसाइल की तरह लॉन्च होना होगा। आपका पहला ही कदम एक्शन होना चाहिए। आपको असफलताओं के डर से छुटकारा पाना होगा, आशंकाओं को जीतना होगा। इतनी मजबूत इच्छा-शक्ति बनानी होगी, जिसमें निराशा के लिए कोई स्थान न हो। निश्चिंतता की जगह छोड़कर थोड़ा जोखिम के लिए तैयार रहना होगा।

सफलता का वास्तविक रहस्य यह है कि जीवन एक लंबी दूरीवाले विमान के सफर की तरह है। पहले आप तय कर लें कि जाना कहाँ है, फिर विमान में बैठें और उसके बाद अपने गंतव्य की ओर उड़ें। मन में

यह बात बिठा लें कि आपके पास बेशक 99 प्रतिशत समय है। और एक बार सफर शुरू होने पर गंतव्य तक पहुँचने के पूरे रास्ते आपको अपनी कमियों व त्रुटियों को सुधारते जाना है।

जरा विमान को उड़ने तो दीजिए

अपने सफर के दौरान आपको बारह कदम उठाने हैं। इससे आपको अभूतपूर्व समृद्धि ,सुख और स्वास्थ्य मिलेगा। इन कदमों पर चलकर आप अपने जीवन पर पूर्ण नियंत्रण रख सकते हैं, अपनी मानसिक क्षमता को सक्रिय बना सकते हैं और वही बन सकते हैं, जैसा आप बनना चाहते हैं। अपने निर्धारित कार्यक्रम के तहत आप अपनी पसंद के लक्ष्य को पा सकते हैं। आगे देखिए कि ये कौन-कौन से कदम हैं।

अनुक्रम

1

अपना लक्ष्य तय करें

'सभी सफल व्यक्तियों की पहचान है—लगातार प्रयत्नशील रहना। शाश्वत अनंत दर्द या पीड़ा सहना बुद्धिमान की कला है। सारी महान् उपलब्धियाँ अत्यधिक सावधानी बरतने और असीमित दर्द झेलने तथा छोटी-से-छोटी बातों को भी आत्मसात् करने से प्राप्त हुई हैं।'

—अल्बर्ट हबार्ड

आपके पास क्षमता है और ऐसी क्षमता है, जिसकी बदौलत जीवन में वह भी हासिल कर सकते हैं, जिसे पाने की कल्पना आपके मन में है। जितनी बुद्धि और कौशल का आप उपयोग कर सकते हैं, उससे ज्यादा आपके अंदर है। अमीर बनने और सुखी व स्वस्थ जिंदगी जीने के जितने अवसर तथा संभावनाएँ आज आपके सामने हैं, उतनी पहले कभी नहीं रही होंगी। इन असीमित संभावनाओं को समझने और उसका लाभ उठाने के लिए सबसे बड़ी तथा पहली जवाबदेही आपकी यह बनती है कि आप वास्तव में जो चाहते हैं, उसकी बिल्कुल स्पष्ट अवधारणा मन में बना लें।

जब आप स्पष्ट रूप से जान लेंगे कि आप क्या हैं और क्या चाहते हैं तथा कहाँ जाना चाहते हैं तो आप अपना लक्ष्य पूरा करने की स्थिति में औसत व्यक्ति से दस कदम आगे होंगे।

दरअसल, हम सभी के मुख्य चार लक्ष्य एक जैसे हैं—1. फिट रहें, स्वस्थ रहें और दीर्घायु हों। 2. ऐसा काम करें, जो मन के अनुकूल हो और पैसे भी अच्छे मिलें। 3. जिनके प्रति प्रेम और आदर का भाव हो, उनसे मधुर संबंध अच्छा रहे तथा उसका रिटर्न भी वैसा ही मिले। और 4. वित्तीय स्थिति इतनी मजबूत हो कि पैसे के लिए कभी कोई चिंता न करनी पड़े। इन चारों क्षेत्रों का स्कोर अगर आप एक से दस की सूची में रखें तो पाएँगे कि आज आपके जीवन की अधिकांश समस्याएँ और चिंताएँ उसी हिस्से में हैं, जब आपका स्कोर बिल्कुल नीचे है। अगर आप उन खास क्षेत्रों में सुधार लाएँ तो आपके जीवन में सबसे तीव्र गति से वृद्धि होगी।

समृद्ध विश्व-दृष्टि

उपर्युक्त चार लक्ष्यों की ओर उड़ान भरते हुए या तो आपके मन में समृद्ध व संपन्न होने की प्रवृत्ति पनपेगी या आप अभाव महसूस करेंगे। अगर आपको संपन्नता की अनुभूति हो तो फिर आपका आत्मविश्वास मजबूत होगा और आशावादी बनकर अपने सपने पूरे करने की दिशा में सार्थक प्रयत्न कर सकेंगे।

अगर संपन्नता की प्रवृत्ति बढ़ेगी, फिर आपको लगेगा कि विश्व शुभचिंतक है। और आपको विश्वास होने लगेगा कि दुनिया एक सुंदर बगिया है, जिसमें अच्छे लोग भरे पड़े हैं। फिर आपको महसूस होगा कि यही सबसे अच्छा समय है, जिसमें जीवित रहने की जरूरत है।

इसका अर्थ यह नहीं कि आप दुनिया की समस्याओं और कठिनाइयों से अवगत नहीं हैं। लेकिन आप मानते हैं कि ये समस्याएँ हमेशा रहती

हैं। प्रचुरता की धारणा से आपका प्रयास ज्यादा सार्थक और सृजनात्मक होगा। इससे आपका ध्यान समस्याओं से अधिक समाधान की ओर केंद्रित होगा। फिर आप यह देखने के बजाय कि बीते कल को क्या हुआ और किसे दोष दें, आज की समस्याओं पर ज्यादा केंद्रित हो सकेंगे तथा खुद को या दूसरे को कोसना छोड़कर अपने में सुधार ला सकेंगे।

लेकिन अगर अभाव की धारणा हो तो ठीक इसके विपरीत होगा। फिर आप यह मानकर चलेंगे कि सफलता कुल मिलाकर किस्मत की बात है और जो भी सफल हुए हैं, उन्होंने संभवत: या तो धोखाधड़ी से पैसा कमाया है या किसी के साथ विश्वासघात किया है। आपको हर जगह दमन और अन्याय ही नजर आएगा। फिर आप बड़ी आसानी से पुराना बहाना बनाएँगे—अमीर और ज्यादा धनी होते जा रहे हैं तथा गरीब गरीबतर होते जा रहे हैं, ये वो नहीं है, जैसा आप जानते हैं, ये वो है, जिसे आप जानते हैं—'आप पूरे सिटी हॉल से लड़ सकते हैं।'

जो भी मनोवृत्ति आप बनाते हैं, वही अपनी शक्ति दिखाएगी। आपके अंदर की दुनिया के अनुरूप बाहरी दुनिया काम करेगी; क्योंकि आप यह किताब पढ़ रहे हैं, इसलिए स्पष्ट रूप से आपके पास समृद्ध एवं सदाशयी विश्व-दृष्टि है। आपके पास प्रबल विश्वास और नियंत्रण है। जो कुछ आपके साथ होता है, वह आत्म-निर्णय के अनुसार होता है।

अगर आप एक सकारात्मक और रचनात्मक प्रवृत्तिवाले व्यक्ति हैं तो फिर आप अपने लिए अपने साथ तथा घटित होनेवाली हर घटना के लिए जिम्मेदारी उठाते हैं। आप दूसरे को दोष नहीं देते और अकर्मण्यता या आलस्य के लिए कोई सफाई नहीं देते। अगर आप स्थिति से खुश नहीं हैं तो फिर उसमें बदलाव लाने के लिए जुट जाएँ। अगर आप उसमें बदलाव लाने के लिए कुछ भी नहीं कर पाते तो फिर उसे स्वीकारें और कभी शिकायत न करें।

गंतव्य का चार्ट तैयार करें

अपना गंतव्य या लक्ष्य तय करने में जितना ज्यादा समय लगता है, वहाँ तक पहुँचना उतना ही सरल होता है। आपका भविष्य वही सारे कार्य-कलाप तय करेगा, आपके वर्तमान के रोजमर्रा के कार्य सुनिश्चित करेगा।

सबसे महत्त्वपूर्ण सवाल वहीं से आप शुरू करें। प्रश्न है—'अपने जीवन में वास्तव में मैं करना क्या चाहता हूँ?'

अपने जीवन के किसी भी हिस्से से अगर आप कोई लक्ष्य-यात्रा आरंभ करें तो पूरी तरह से आत्मकेंद्रित हो जाएँ। विचार पर दृढ रहें। बिल्कुल सटीक बैठनेवाली वही स्थितियाँ अपने लिए निश्चित करें, जो आपको सुखी बनाएँ तथा अगर लक्ष्य हासिल हो जाए तो वह संतोष एवं आनंद मिले, जो आप चाहते हैं।

कल्पना करें कि आपके हाथ में जादू की एक छड़ी है और आप जिधर घुमाएँगे, आपकी इच्छा पूरी हो जाएगी। आप उस स्वप्नलोक में डूबें कि जो पाने का प्रयास करेंगे, उसमें असफलता मिल ही नहीं सकती।

बस, सोच लें कि आप किसी सीमा से बँधे नहीं हैं। मन में यह विचार बैठाएँ कि सारा समय आपका है, पैसा आपका है। आपके पास सारा ज्ञान, सारा हुनर है। इतना ही नहीं, लक्ष्य तक पहुँचने के लिए आपके पास सारे मित्र, सारे संपर्क हैं, पर्याप्त शिक्षा है, क्षमता है और वह सारा कुछ है, जो आपको गंतव्य तक ले जाने में सहायक होंगे। बस, यात्रा पर निकलने भर की देर है। कल्पना करें कि आपके पास क्रेडिट कार्ड है, जिसकी कोई सीमा नहीं है और आप कहीं भी जाने के लिए उड़ान भर सकते हैं।

आपका आदर्श कैरियर और आय

शुरुआत अपने कैरियर और नौकरी से करें। अगर आपकी आय आदर्श थी, कितना कमा लेते हैं आप? अगर आपका वर्किंग स्थान सही है, किस तरह की कंपनी या संगठन में आप काम करते हैं? जिनके साथ

आप काम करते हैं, वे किस तरह के लोग हैं, यानी कि सहकर्मी कैसे मिजाज के हैं? अगर आय के लिए आपने कोई नौकरी शुरू की है तो फिर सोचना यह है कि कैसे आप उसे आनंदपूर्वक करें और सर्वाधिक उपयोगी सिद्ध हों। इसके लिए आपके पास कैसी प्रतिभा और हुनर हो कि आप सहकर्मियों से आगे निकलकर ऊँचे ओहदे तक पहुँचें।

आप अपने जीवन का अधिकांश समय नौकरी में बिताने जा रहे हैं, इसलिए आपका मुख्य दायित्व पहले यह स्पष्ट तय कर लेना है कि किस तरह की नौकरी आपके लिए उपयुक्त और मनोनुकूल है। जैसा कि नेपोलियन हिल ने कहा है—'सफलता की सही कुंजी यह है कि आप काम शुरू करने से पहले ही तय कर लें कि कौन सा काम आपको सुख और संतोष देगा।'

अगर आप दिन भर एक ही काम करते हैं और उसके अच्छे पैसे भी आपको मिलते हैं तो फिर क्या होगा?

आपकी सहज प्रतिभा और क्षमता

वेनी वायने डायर का कहना है कि प्रत्येक बच्चा प्रच्छन्न गुणों के साथ इस दुनिया में कदम रखता है। आपके गुण क्या हैं? आप क्या करने के लिए पैदा हुए हैं? आपके पास ऐसी कौन सी विशेष प्रतिभाएँ, क्षमताएँ, रुचियाँ, आकांक्षाएँ और हुनर हैं, जो आपको अन्य लोगों से विशिष्ट बना दें? अब आप कोई काम करने की सोचेंगे तो कैसे मानेंगे कि आप किस काम के लिए बने हैं? ये आप कैसे कह सकते हैं?

नीचे दस ऐसे संकेत दिए जा रहे हैं। इसका इस्तेमाल करके आप तय कर सकते हैं कि आप सही राह पर हैं और वही कर रहे हैं, जिसके लिए इस पृथ्वी पर आपका पदार्पण हुआ है।

1. आपको अपनी नौकरी से प्रेम है, इसमें रुचि है। यह आपको रोमांचित व आकर्षित करती है।

2. आप कार्यक्षेत्र में उत्कृष्ट बनना चाहते हैं, यदि आपका दरजा सबसे ऊपर हो तो।
3. आपके क्षेत्र में जो शिखर पर हैं, उनकी आप प्रशंसा करें और आपकी चाहत उन्हीं के जैसी सफलता प्राप्त करने की हो, उन्हीं के जैसा बनने की हो।
4. अपनी पसंद के महकमे के विषय में ज्यादा-से-ज्यादा जानें। उससे संबंधित सामग्री पढ़ें, कोर्स करें, व्याख्यान सुनें, सेमिनार में जाएँ। उसके वीडियो अवश्य देखें। जीवन भर हमेशा नया कुछ सीखने व जानने की ललक से ऊब न हो।
5. आपके लिए सबसे अच्छी नौकरी ऐसी कुछ हो, जिसे सीखना और करना आसान हो। यह आपके लिए सहज रूप में संभव हो, जबकि अन्य के लिए कठिन हों।
6. जब आप काम में डूबेंगे तो समय मानो थम जाता है। आदमी खाना-पीना, ब्रेक लेना और सोना भी प्राय: भूल जाता है।
7. इस क्षेत्र में सफलता के अनुभव से स्वाभिमान मजबूत होता है और अपने अंदर अपार संतोष की अनुभूति होती है।
8. जब आप नहीं भी काम कर रहे होते हैं, तब भी काम के विषय में ही सोचते रहते हैं और उसी के बारे में बात करना पसंद करते हैं। कार्य आपके संपूर्ण जीवन से गुँथा हुआ है।
9. आप अपने क्षेत्र में और लोगों से भी जुड़ना चाहते हैं। हर अवसर पर इसी कार्य पर चर्चा होती है।
10. आप जीवन भर बिना थके, बिना ऊबे ऐसे ही काम करते रहने की योजना बना लें; क्योंकि आपको इसमें आनंद आता है। कहा गया है—वही करें, जिससे आपको प्रेम है। पैसा उसके पीछे-पीछे चलेगा। वास्तविक सफलता इस खोज में है कि आपको किस

काम से प्रेम है, क्या करना अच्छा है और बेहतर-से-बेहतर पाने के लिए पूरी तरह तल्लीन हो जाना है। लक्ष्य तय करने से पहले अपनी पसंद की नौकरी या कैरियर चुन लेना आवश्यक है। इससे आपके अंदर की संभावित अंतर्निहित शक्ति बेहतर फलीभूत होगी।

आपका सही व्यक्तिगत जीवन

अपने परिवार, रिश्ते और व्यक्तिगत जीवन में जादू की छड़ी घुमाएँ । अगर आपका पारिवारिक जीवन सही और सुखी चल रहा है तो यह कैसा दिखेगा? किस तरह की जीवन-शैली में आपको आनंद मिलेगा? किस तरह का मकान आपके पास है? आप अपने परिवार के साथ घर के अंदर और बाहर कैसे समय गुजारेंगे?

अगर आप शादीशुदा नहीं हैं तो फिर अपने लिए सही रिश्ते का वर्णन करें। जो कुछ सपने में देखा है, सोचा है, उसके विषय में कल्पना करें। अपने सपने के आदर्श व्यक्ति के सारे गुणों और विशेषताओं को लिख डालें। आपको अवश्य ही ताज्जुब होगा कि एक बार स्पष्ट छवि बना लेने के बाद कितनी जल्दी आपकी इच्छा पूरी हो जाती है।

अगर आपका निजी जीवन हर दृष्टि से सही चल रहा है तो फिर आप अपना समय और जीवन कैसे बिताएँगे? कैसी कार चलाएँगे? छुट्टियाँ कैसे लेंगे? घूमने जाएँगे तो कहाँ-कहाँ जाएँगे? अपनी पसंद के मुताबिक दैनिक और साप्ताहिक कैलेंडर बनाएँ। यह सिलसिला महीने व साल के हिसाब से चलाएँ। यह बात ध्यान में रखें कि जो आप चाहते हैं, वही हासिल करना आपका पहला कदम है।

कल्पना करें : कोई सीमा है ही नहीं

अगर आपका स्वास्थ्य ठीक है तो आज आप उसमें क्या फर्क देख रहे हैं? आपका वजन कितना है और कितना वजन हो, जिसमें आप स्वयं

को फिट महसूस करेंगे ? आप खाना क्या खाते हैं ? भोजन में क्या-क्या आइटम होते हैं ? आप किस तरह का व्यायाम रोजाना या हफ्ते में एक-दो बार करते हैं ? कल्पना करें कि आपने अपने शरीर को बिल्कुल स्मार्ट व छरहरा बना लिया है तो आप कैसा दिखेंगे ?

और अंत में, अगर आपका व्यक्तिगत जीवन हर मामले में सही चल रहा है तो बात अटकती है पैसे पर। आपके पास बैंक में पैसा कितना है ? कितना पैसा आपने निवेश किया है या करना है ? पूरा खर्च निकलता है या नहीं ?

इन सवालों का जवाब अपने आप निकलता चला जाएगा, अगर आप अपने सफर का खाका तैयार कर लें और उड़ान भरने से पहले उसकी निश्चित योजना बना लें।

आर्थिक निश्चिंतता

यहाँ एक छोटा सा सरल अभ्यास है। आप यह तय करें कि अगर आपके पास आय का कोई साधन न हो, तब भी पूरे महीने आराम से रहने का आपका कितना खर्च बैठेगा। उसमें घर के सामान्य जरूरी खर्चे, जैसे—रहने का, खाने का, यात्रा, चिकित्सा, छुट्टियाँ, मनोरंजन समेत सारे खर्च शामिल करें। उसे साल के 12 महीने से गुणा करें और फिर उसके फल को उन 20 वर्षों से गुणा करें, जितने दिन रिटायर होने के उपरांत आप संभवत: जिएँगे। आपके रिटायर लक्ष्य का पूरा खाका सामने आ जाएगा और आय-खर्च योजना की रूपरेखा की तसवीर बताएगा। इससे आप तय कर पाएँगे कि जीवन में आर्थिक निश्चिंतता के लिए कितने पैसे आपको जमा करने हैं।

उसके बाद जोड़ें कि आपका कितना खर्चा बैठता है। फिर कागज-कलम लेकर लिखें कि आपके पास कितना पैसा अभी हाथ में है। सोचें कि आपके पास जो कुछ भी है, सब बेचकर आप कहीं विदेश जा रहे हैं। ईमानदार रहें। आज अगर आप अपना सबकुछ बेच दें तो आपके पास

कितना पैसा होगा? यह एक तरह का विश्लेषण या आकलन है, जो बैंक उस समय माँगता है, जब आप कर्ज के लिए आवेदन करते हैं। उधार देनेवाला सबसे पहले यह जानना चाहता है कि आपके पास कुल चल या अचल संपत्ति कितनी है और खासकर कितनी नकदी है।

अब आप वित्तीय स्थिति के आरंभिक बिंदु पर हैं। आपकी कुल संपत्ति का मूल्य और वह वित्तीय लक्ष्य आपके सामने है, जो आनेवाले वर्षों में आपके हमसफर होंगे। अब आप एक्शन में आने के लिए तैयार हैं।

'भविष्य से वर्तमान की ओर' सोच

अपने जीवन के किसी भी क्षेत्र का अंतिम पड़ाव निश्चित करते समय दूरगामी योजना का अवश्य ध्यान रखो। सभी सफल व्यक्ति इस तकनीक का इस्तेमाल करते हैं। इससे किसी भी परियोजना को लंबी अवधि तक चलाने में आसानी होती है और यह तय करने में कोई दिक्कत नहीं आती कि वह अवधि समाप्त होने के समय या उसके बाद किस दिशा में जाना है।

उसके बाद भविष्य की योजना बनाने से पहले एक बार पीछे मुड़कर देखें कि सफर शुरू होने से पहले आप कहाँ थे और आज कहाँ खड़े हैं। फिर सोचें कि अब आगे क्या करना है और अतीत से प्रेरणा लेकर उससे बेहतर भविष्य का खाका कैसे तैयार करना है।

ऐसा दीर्घकालिक परिप्रेक्ष्य आपको ज्यादा ऊँचाइयों तक ले जाएगा। इससे पता चलता है कि आज आपको क्या करने की जरूरत है और क्या नहीं करना है—अगर वाकई आपको लक्ष्य तक पहुँचना है तो।

जब आप अपने लक्ष्य की स्पष्ट धारणा बना लेंगे तो आपको खुद-ब-खुद हर रोज एक घंटे यह निर्णय लेना आसान लगने लगेगा कि आपको आज, अभी क्या करना है। रहस्य बस, यह निश्चय करना है कि आज आप जो कुछ भी करें, जो कुछ भी निर्णय लें, उसकी दिशा वही हो, जो आपको अपने निश्चित लक्ष्य की ओर ले जाए।

चार सशक्त तकनीकें

लक्ष्य-निर्धारण के क्रम में चार विशेष तकनीकों का इस्तेमाल करके आप अपने पसंद का काम आसानी से चुन सकते हैं। इससे आपको निश्चित पड़ाव तक अपने निर्धारित समय-सूची के अंतर्गत पहुँचने में भी मदद मिल सकती है। इसे निम्न रूप में लें—

1. **शब्दों में अभिव्यक्ति**—सबसे पहले तो अपनी कल्पना या लक्ष्य को लिख डालें। उस लक्ष्य की ओर आप जा ही नहीं सकते, जो दिखाई न देता हो। वह लक्ष्य आप हासिल कर ही नहीं सकते, जो आप लिख नहीं सकते। अपने मन-मस्तिष्क में घुमड़ रही योजना को नोटबुक पर अंकित करने में भरपूर समय दें और विस्तार से उसके हरेक बिंदु को साफ-साफ लिखें। इससे निश्चय ही आपको सही दिशा में एक-एक कदम उठाने में सहायता मिलेगी।
2. **कल्पना करना**—जब आपके स्वयं के बारे में मानस-दर्शन/आत्म-दर्शन में सकारात्मक परिवर्तन या सुधार होता है, तभी बाह्य जगत् में विकास यात्रा का शुभारंभ होता है। आपका भविष्य भी उज्ज्वल होने लगता है। आप अपने मानस-पटल पर अपने ध्येय या लक्ष्य को स्पष्ट अंकित करके कल्पना की उड़ान भर सकते हैं।

   अपने लक्ष्य के बारे में उभरनेवाले हर विचार की गहराई में जाएँ और उसे बार-बार अवचेतन मस्तिष्क में वीडियो की तरह अंदर की आँखों से देखें। लक्ष्य की जितनी ही स्पष्ट छवि आप अपने मन में देखेंगे, उतनी ही जल्दी कल्पना यथार्थ में परिणत होगी।
3. **भाव-प्रधानता**—लिखने और मन में बार-बार अपने लक्ष्य की तसवीर देखने के बाद आप उससे भावनात्मक रूप से जुड़ते चले

जाएँगे। आपको अपनी अनुभूति, अपनी संवेदना में यही भावना उभरती महसूस होगी कि 'लक्ष्य तो मैंने हासिल कर लिया है।' अपने लक्ष्य पर केंद्रित रखने की जितनी ही तीव्रता आपके मन में जगेगी, उतनी ही तीव्र उसे हासिल करने की इच्छा होगी। जितनी ज्यादा ऊर्जा और बल आप इसमें लगाएँगे, उतनी ही तेजी से आगे बढ़ेंगे।

जब आप आनंद, खुशी, गर्व या सुख की कल्पना करते हैं तो यह सब आपको लक्ष्य-प्राप्ति के सफर के साथ चलते हैं और सब एक साथ मिलकर आपकी मानसिक शक्ति को लक्ष्य हासिल करने के लायक बढ़ाने में सहायक होते हैं।

4. **युक्ति-संगत बनाना**—अपने लक्ष्य को लिखने के बाद आप उससे जुड़े सभी पहलुओं का चिंतन-मनन करें। पहले तो यह लिखें कि आप उस लक्ष्य तक पहुँचना क्यों चाहते हैं? इससे आपको क्या-क्या फायदे होंगे, जिन्हें हासिल करने के बाद आप आनंद का अनुभव करेंगे? फिर यह लिखें कि किस तरीके से यह लक्ष्य प्राप्त होने के बाद आपके जीवन में सुधार लाएगा, आपको मनोवांछित सबकुछ मिलेगा। जैसा कि नीत्शे ने कहा है—'जिसके पास सबकुछ पर्याप्त है, वह किसी दूसरी चीज या अन्य की फिक्र भला क्यों करे!'

यही गुन-धुन आपका ओढ़ना-बिछौना बने। कारण उपलब्धि की भट्ठी का ईंधन हैं। लक्ष्य-प्राप्ति के जितने ही कारण आप निकालेंगे, उतना ही आपका प्रयास क्रियाशील होगा और निश्चित धारणा बनेगी। जितने ही कारण आप ढूँढ़ेंगे, उतनी ही आपको प्रतिकूल परिस्थितियों से निजात पाने में सहूलियत होगी। जितने कारण आप खोजेंगे, उतने ही सृजनशील बनते जाएँगे और रास्ते में आनेवाली बाधाओं तथा कठिनाइयों

का सामना करने में आप सक्षम होंगे। इससे कोई रुकावट आपका रास्ता रोक नहीं पाएगी और आप निर्विघ्न लक्ष्य की ओर बढ़ते चले आएँगे।

इसे बनाएँ विश्वसनीय

एक आवश्यक पॉइंट—यह सुनिश्चित करें कि आपका लक्ष्य विश्वसनीय और यथार्थ है। जैसा कि नेपोलियन हिल ने कहा है, 'मनुष्य का मन-मस्तिष्क जिस पर भी सोचता व विश्वास करता है, वह हासिल की जा सकती है।'

अगर आप कुछ उत्साहजनक लक्ष्य तय करते हैं तो वह यथार्थ पर आधारित होना चाहिए। ऐसा कुछ हो, जो हमेशा आपके मन में घुमड़ता रहे। यह इस तरह का कुछ होना चाहिए, जहाँ आप स्वयं को केंद्रित कर सकें और आपको भरोसा हो कि यह लक्ष्य आप हासिल कर सकते हैं।

अपने लक्ष्य को विश्वसनीय बनाने के लिए ऐसा करना जरूरी है। अगर आप ऐसी हवाई कल्पना को अपना लक्ष्य बना लें, जिसकी सिर्फ कल्पना की जा सकती है, मगर वह पहुँच से परे है तो वह उलटे आपको निष्क्रिय और अकर्मण्य बना देगा। ये कपोल-कल्पित आकाशकुसुम-से लक्ष्य के विचार यथार्थ में परिणत नहीं होंगे और आपको उन लक्ष्यों से भी भटका देंगे, जो जमीनी धरातल पर हैं और जो हासिल करना आपके लिए संभव है।

अगर आप अपने अवचेतन में यह नहीं बिठा सकते हैं कि आप अमुक लक्ष्य हासिल कर सकते हैं तो कोई भी मानसिक शक्ति आपको लक्ष्य की ओर प्रेरित करने में मदद नहीं करेगी। थोड़ी देर के लिए आप उत्साह का अनुभव करेंगे और आपको लगेगा कि आप थोड़ा सक्रिय हो रहे हैं। पर वह स्थिति ज्यादा देर नहीं ठहरेगी। ज्यों ही कोई बाधा या प्रतिकूल परिस्थिति सामने आएगी, आपका उत्साह हतोत्साह में बदल जाएगा। आप निराश हो जाएँगे, हौसला टूट जाएगा और यही आपके

साथ चलेगा, फिर हार-थककर आप सब छोड़-छाड़कर हाथ-पर-हाथ धरे बैठ जाएँगे।

दौड़ने से पहले चलें

सेमिनार के बाद प्राय: लोग मेरे पास आते हैं और कहते हैं कि उन्होंने अपना वित्तीय लक्ष्य तय कर लिया है। जब मैं पूछता हूँ कि वह क्या है, तो उनका जवाब होता है कि अगले एक-दो वर्षों में उन्होंने करोड़पति और यहाँ तक कि अरबपति बनने का भी फैसला कर लिया है।

ज्यादातर मामलों में होता यह है कि ऐसे हर एक व्यक्ति के पास या तो पैसे नहीं होते या थोड़े होते हैं। ऐसे लोगों में अधिकांश 30 या 40 साल की उम्र के रहते हैं, जिनके पास वित्तीय कुप्रबंधन झेलने के लिए पूरी जिंदगी पड़ी है। फिर वे सोचते हैं कि अतीत के सारे गलत-सही अनुभवों को दरकिनार करके बस, थोड़े से संसाधन और थोड़ी सी तैयारी से बहुत सारा पैसा एक ही छलाँग में कमा सकते हैं। लेकिन वे इसका कोई स्पष्ट आइडिया नहीं लगा सकते कि ऐसा वे हासिल कैसे करेंगे। वे सिर्फ यह मानकर चलते हैं कि सिर्फ खुशनुमा सोच की जरूरत है और एक करिश्मे की तरह वे अपनी तमाम विफलताओं और हताशा से छुटकारा पा लेंगे।

जब लोग मुझसे कहते हैं कि वे जल्द-से-जल्द करोड़पति बनना चाहते हैं तो मैं उन्हें सलाह देता हूँ कि पहले हजारपति या लखपति तो बनो। अगर वे अपने कर्जे से छुटकारा पाकर 1,000 डॉलर बचा लेते हैं, तब '10 हजार पति' बन सकते हैं और फिर उससे भी आगे बढ़ सकते हैं। महान् उपलब्धि हासिल करने के लिए महान् प्रयत्न भी जरूरी है। हर व्यक्ति को दौड़ने से पहले चलना पड़ेगा।

पात्रता का सवाल

आज का सबसे बड़ा मोरचा बाहर की दुनिया नहीं है। दरअसल,

हासिल करने की शक्ति आपके अंदर है। जरूरत है अपने मन की शक्तियों और क्षमताओं को पहचानने की।

बचपन के अनुभवों और अन्य बातों के चलते आप अपनी संभावनाओं में तरह-तरह के मनोवैज्ञानिक अवरोध देखते हैं, जो आपके अंदर तक समाए हैं। महान् चीज हासिल करने के लिए सबसे पहले आपको ऐसे अवरोधों से निजात पानी होगी। इससे आप जीवन में अधिक तेजी से आगे बढ़ पाएँगे।

ऐसी अवचेतन बाधाओं में सबसे हानिकारक यह भावना है कि 'हम इस काम के लिए उपयुक्त हैं या नहीं।' अर्थात् अपनी क्षमता, योग्यता पर शक। यह पूरे जीवन के हर क्षेत्र में हावी हो जाता है। आपको अंदर से भरोसा ही नहीं होता कि आप भी अन्य लोगों की तरह सुखी, स्वस्थ और संपन्न हो सकते हैं। कई लोगों को बस, इतना लगता है कि वे उपयुक्त हैं या नहीं; जबकि कई लोगों की सफलता में यही मुख्य बाधा बन जाती है।

औरों के लिए मूल्य-निर्माण

तथ्य तो यह है कि आप जीवन में सबकुछ हासिल करने के काबिल हैं, इसकी आप कल्पना भी कर सकते हैं। लेकिन इसमें यह बात भी मायने रखती है कि औरों के लिए क्या मूल्य और पैमाना बनाते हैं, जिससे आपकी दुनिया से बाहर भी लोग लाभान्वित हों। अगर आप अपनी प्रतिभा और हुनर को तराशकर कड़ी मेहनत से अच्छा काम करते हैं, जिससे अन्य लोग भी लाभान्वित हों तो आप समाज में सम्मान तथा पहचान पाने के हकदार हैं। आपको न तो अपराध-बोध से ग्रसित होना है, न ही यह सोचना है कि आप काम के लिए उपयुक्त हैं या नहीं। जब आप औरों के लिए मूल्य निर्धारित करते हैं तो आप अपने लिए भी उसमें से कुछ रखने के हकदार बन जाते हैं। यह साधारण सा विचार ही मुक्त बाजार और मुक्त समाज का आधार है।

अगर आप महान् वित्तीय सफलता हासिल करते हैं तो लोग पूछ सकते हैं, 'इतना पैसा कमा लेने के बाद आपको अपराध-बोध जैसा नहीं लग रहा है?' आप गर्व और विश्वास के साथ जवाब दे सकते हैं, 'बिल्कुल नहीं। मैंने तय किया है कि गरीबों की मदद करने का सबसे अच्छा उपाय है कि उन्हीं में से एक न बनें।'

स्वैच्छिक आदान-प्रदान का अभ्यास

इससे हम एक महत्त्वपूर्ण बिंदु पर पहुँचते हैं। कमाई के किसी-न-किसी उद्यम से ही सारा पैसा आता है। अधिकांश पैसा जो किसी के पास हैं, वो उस आदान-प्रदान या लेन-देन का परिणाम है, जो उसे अपने उत्पादन, उद्यम या किसी सेवा के प्रयासों के बदले मिला है।

अन्य शब्दों में, वित्तीय रूप से आत्म-निर्भर होने के लिए जो भी डॉलर आपने हासिल किए हैं, वे किए गए काम की एवज में मिले हैं। एक-एक डॉलर प्राप्त करने की इच्छा आपकी हुई है। वह आपको हर हाल में गिनना ही चाहिए। वह डॉलर भी किसी-न-किसी के द्वारा स्वैच्छिक रूप से आपको दिया गया है, जिसने उसके लिए कड़ी मेहनत की है।

उसके बाद एक महत्त्वपूर्ण सवाल उठता है कि अन्य लोगों से प्राप्त इस पैसे के लिए क्या मैं पात्र हूँ?

योगदान की शक्ति

पीटर ड्रकर ने कहा है कि यदि हम 'सफलता' की जगह 'योगदान' शब्द का प्रयोग करें तो कारोबार और वित्त की बहुत सारी गलतफहमियाँ दूर हो सकती हैं।

जब आप चारों तरफ देखेंगे तो पता चलेगा कि वही लोग धनवान् हैं, जो बड़ी संख्या में लोगों के लिए महान् योगदान कर रहे हैं। वे ऐसी चीजें बनाते हैं, उस तरह के उत्पाद शोध/अनुसंधान करके लाते हैं, जिसकी लोगों को जरूरत है। वे सामान लोगों के लिए उपयोगी और लाभकारी

हैं। इसलिए बाजार में जब वैसे सामान पहुँचते हैं तो उसका स्वागत होता है। लोग खरीदते हैं और उन्हें उसका इंतजार रहता है। उन सेवाओं और उत्पादों से लोग अपने जीवन की गुणवत्ता बढ़ाते हैं।

आप स्वयं से भी यह सवाल पूछ सकते हैं और उसका जवाब भी ढूँढ़ सकते हैं कि अगर आप अपनी किसी सेवा के एवज में लोगों से पैसा चाहते हैं तथा उससे पैसेवाला बनना चाहते हैं तो उसमें अन्य लोगों के लिए आप क्या योगदान करने जा रहे हैं। आपके वित्तीय जीवन का यह सबसे अहम सवाल है। आप आज क्या कर रहे हैं? आप भविष्य में क्या कर सकते हैं? आप जो पैसा इकट्ठा करना चाहते हैं और जिस किसी भी एवज में चाहते हैं, वह आपको क्यों मिलना चाहिए? आपने कौन से ऐसे मानदंड/मूल्य स्थापित किए हैं या करने की तैयारी में हैं, जिसके बदले आपको लोग स्वैच्छिक रूप से पैसे दें—वह पैसा, जो लोगों ने अपने निजी प्रयासों और उद्यमों से कमाया है?

जहाँ तक हुनर, योग्यता या चरित्र की बात है, आप किस तरह का व्यक्ति बनना चाहते हैं, जो समाज के लिए प्रेरणादायक हो?

जब आप अपने विषय में सोचना छोड़ देंगे और इस पर भी विचार करना छोड़ देंगे कि जिस तरह के लोगों की सेवा आप करने की इच्छा रखते हैं, उनसे क्या प्राप्त करना चाहते हैं और वैसे लोगों के मन में उनके लिए क्या योगदान करने की भावना भरना चाहते हैं तो आपको अन्य लोगों की सहायता करने की सारी संभावनाएँ और सारे अवसर दिखाई देंगे। जब आप अपनी शुरुआत को इस पर फोकस करेंगे कि देना है तो आप सही अर्थों में अमीर बनने की ओर बढ़ेंगे।

□

2

अपने उड़ान विकल्पों की समीक्षा करें

'हमारा काम काफी दूर स्थित धुँधली चीज की ओर आँख गड़ाना नहीं है, बल्कि यह देखना है और जो बिल्कुल स्पष्ट अपने हाथ में है, उसे करना भी है।'

—थॉमस कार्लाइल।

जब एक बार आपने स्पष्ट जान लिया कि आप क्या हैं, क्या चाहते हैं और अपने जीवन के प्रत्येक क्षेत्र में आपके सही लक्ष्य क्या हैं, तो फिर अपने गंतव्य तक पहुँचने के विभिन्न रास्तों का जायजा लेना आप शुरू कर सकते हैं। अब आप इस स्थिति में हैं कि अपने लक्ष्य को हासिल करने की रणनीति और तौर-तरीके निश्चित कर सकें, जो आपको शिड्यूल के मुताबिक अपने गंतव्य तक ले जाएँगे।

लगातार विकल्प विकसित करते रहें

अभी तक हमने जितने नियम सीखे हैं, उनमें सबसे महत्त्वपूर्ण यह है—सिर्फ इसी मायने में आप स्वतंत्र हैं कि जितने चाहें, विकल्प सोचें और उसे खूब अच्छी तरह विकसित करें।

उदाहरण के लिए, अगर आपके पास अपना काम पूरा करने का एक ही तरीका है और वह कामयाब हो रहा है तो आपका काम बीच में ही रुक जाएगा। अगर आपके पास अपना लक्ष्य हासिल करने या गंतव्य तक पहुँचने का एक ही उपाय या विकल्प है और वह किसी कारण से विफल हो जाता है तो आप स्वयं को बिखरा हुआ महसूस कर सकते हैं।

जीवन के सफल लोग लगातार एक साथ कई विकल्पों पर विचार करते रहते हैं और उसे विकसित करते रहते हैं। कहीं किसी कारणवश आजमाया हुआ एक उपाय कामयाब नहीं हो पाया तो दूसरा-तीसरा विकल्प तैयार है, ताकि काम बीच में रुके नहीं और निर्बाध रूप से आगे बढ़ता रहे। सफल व्यक्तियों के पास कई विकल्प हमेशा तैयार रहते हैं, ताकि असंभावित रुकावट से काम बाधित न हो और उत्साह कमजोर न होने पाए। उसके बावजूद अगर कुछ गड़बड़ हो जाती है तो उन्हें ठीक करने के लिए ज्यादा नहीं सोचना पड़ता। सफल लोग उस स्थिति में भी शांत व सहज रहते हैं, क्योंकि वे पहले ही सोच चुके होते हैं कि खराब-से-खराब क्या हो सकता है और उस स्थिति का निदान क्या हो सकता है। उनके पास विकल्प के रूप में रेडीमेड योजनाएँ रहती हैं।

अपने विकल्प बढ़ाते रहें

यदि अभी आपका लक्ष्य शारीरिक रूप से बिल्कुल फिट रहना है तो फिर आप ऐसे सात कार्यों की सूची बना लें, जो आपको आज से ही स्वस्थ, छरछरा और तंदुरुस्त बनाना शुरू कर दे। आपको क्या शुरू करना चाहिए और क्या करना छोड़ देना चाहिए? अगर आप वाकई एकदम फिट बनना चाहते हैं तो रोजाना सवेरे जगने के समय से लेकर दिन भर का कार्यक्रम आपको कैसे तैयार करना चाहिए? अगर आपका लक्ष्य सुखी पारिवारिक जीवन है या सबसे मधुर संबंध स्थापित करना है तो उन तमाम बातों की सूची बनाएँ, जिससे आपकी यह ख्वाहिश पूरी हो सके। अपने

परिचित लोगों से मिलें, उनके पास अपनी समस्या रखें और उनसे जानें कि अच्छे संबंध बनाए रखने के लिए कमोबेश क्या किया जा सकता है।

अच्छी पसंद और बेहतर निर्णय

हमारा संपूर्ण जीवन पसंद और निर्णयों से भरा पड़ा है। आपके जीवन की आज की गुणवत्ता काफी कुछ अतीत में किए गए निर्णयों और पसंद के आधार पर तय हुई है। ठीक उसी तरह आपके भविष्य के जीवन की गुणवत्ता इस बात पर निर्भर करेगी कि आज आपकी पसंद क्या है और आप क्या निर्णय लेते हैं। खासकर उन क्षेत्रों पर यह बात लागू होती है, जो आपके निर्धारित लक्ष्यों को हासिल करके और गंतव्य तक पहुँचने के मद्‌दे नजर महत्त्वपूर्ण हैं।

कोई नौकरी शुरू करने या किसी कंपनी में जॉइन करने की आपकी पसंद तथा उससे जुड़े निर्णय मायने रखते हैं; क्योंकि यह इनसे आपके जीवन की दिशा और आपकी किस्मत पूरी तरह बदल सकती है। इसलिए आप काफी सोच-समझकर अपनी पसंद तय करें और उसके मुताबिक निर्णय लें। पूरे इत्मीनान से पर्याप्त समय देकर इस संबंध में सोचें और उसके बाद अंतिम निर्णय लें।

अपने उच्च स्तरीय कोचिंग कार्यक्रमों में हमने एक बात का जिक्र किया है, जिसे हम 'घंटे के हिसाब से दर' कहते हैं। अपने पास आनेवाले जिज्ञासुओं की वार्षिक आय मैंने 2,000 में बाँट दी है—लगभग इतने ही घंटे आम तौर पर कोई एग्जीक्यूटिव या उद्यमी साल में काम करता है। यह राशि उनके 'काम के घंटे की दर' है।

उदाहरण के लिए, अगर आप 50,000 डॉलर सालाना कमाते हैं और उस राशि को 2,000 से विभाजित करते हैं तो आप 25 डॉलर प्रति घंटे पर पहुँचते हैं। अगर आप 1,00,000 डॉलर सालाना कमाते हैं तो उसी हिसाब से आपके घंटे की दर बनती है—50 डॉलर।

अपने समय और जीवन की योजना तैयार करने से पहले आप अपनी आज की कमाई की घंटेवार दर खूब अच्छी तरह जान लें, जिसमें भविष्य की कमाई की भी 'प्रति घंटा दर' हो। कार्य-कलापों के कम मूल्य या नहीं मूल्यवाले आपके प्रत्येक घंटे की कीमत 25 डॉलर, 50 डॉलर या उससे ज्यादा बैठती है। अपने काम के दिन में जो कुछ भी आप करना पसंद करते हैं, वह आपके वाजिब प्रति घंटा दर की कीमत या कमाई है।

अपने समय का सर्वोत्तम उपयोग निश्चित करें

जो भी नौकरी करना या जिस किसी भी कंपनी में काम करना आप पसंद करें या कहीं निवेश करें, इस बात का खयाल रखें कि आपके समय का अधिक-से-अधिक उपयोग हो और समय बरबाद न हो। आपका पैसा सार्थक काम में लगे। यह पहले ही खूब सावधानीपूर्वक निश्चित कर लें कि आपके समय का सर्वोत्तम उपयोग हो और आप अपने संसाधनों का बेहतर इस्तेमाल करें।

अगर आप अपनी वर्तमान सीट से खुश नहीं हैं तो निष्क्रिय होने की बजाय और ज्यादा सक्रिय हो जाएँ। अगर आप अपने वर्तमान रोजगार से खुश नहीं हैं तो और व्यस्त हो जाएँ तथा उससे अच्छे रोजगार की तलाश में जुट जाएँ। अगर आप अपने मौजूदा संबंध से खुश नहीं हैं, सुधार सकते हैं तो सुधारें और वैसा संभव न हो तो अलग-थलग पड़ने को तैयार रहें।

थोड़े से ही संतुष्ट न हों

अब्राहम मास्लो ने लिखा था—'मानव जाति की कहानी यही है कि स्त्री पुरुष बहुत थोड़े में समझौता कर लेते हैं, संतुष्ट हो जाते हैं।'

कई लोग भय या आशंका से थोड़े में ही संतोष करके कई चीजें हासिल नहीं कर पाते; जबकि इन्हें हासिल करने की क्षमता उनमें अंतर्निहित है। रुचि के मुताबिक नौकरी न होने के बावजूद उससे चिपके रहते हैं। वे

उस संबंध को भी ढोते रहते हैं, जो उन्हें पसंद नहीं है। वे सेहत से जुड़ी बुरी आदतें छोड़ नहीं पाते। वे वैसे कामों में पैसा निवेश करते रहते हैं, जो समझ नहीं रहे हैं और तब तक पैसे को रामभरोसे छोड़े रहते हैं, जब तक यह महसूस न हो जाए कि उन्होंने गलती की।

अगर आप जीवन के किसी भी हिस्से से संतुष्ट नहीं हैं या अपनी वर्तमान सीट से नाखुश हैं तो उसे ढोएँ मत। याद रहे कि आप मुक्त रहने की कीमत हमेशा चुका सकते हैं। और आप हमेशा जानते हैं कि इसकी कीमत क्या है।

वह माँगें, जो आप चाहते हैं

कारोबार में और व्यक्तिगत जीवन में भी इस बात को याद रखें कि जो भी शर्त या करार आपके पास रखे जाते हैं, वे किसी अन्य द्वारा तय होते हैं और किसी दूसरे के ही द्वारा बदले भी जा सकते हैं। वह चाहे वेतन या नौकरी से जुड़ी शर्तें हों या अनुबंध, उत्पादों, सेवाओं की शर्तें हों, कार्यालय व उपकरण की लीज हो, किराए से संबंधित हो, बैंक ऋण हो या कोई अन्य हो, अगर किसी कारणवश आप उस सहमति-पत्र या समझौते से नाखुश हैं तो फिर उससे अलग कुछ माँगने से झिझकें नहीं, निस्संकोच माँगें।

याद रखें कि जब आप माँगेंगे तो जवाब 'नो' में मिलेगा। फिर मुँह खोलेंगे, तब भी वही ज़वाब मिलेगा। उससे आप जो कुछ खोएँगे, वह आपके जीवन के कुछ ही पलों का होगा। लेकिन अगर 'हाँ' हो गया और बात पट गई तो उससे आपकी पूरी किस्मत बदल सकती है।

आप पुरानी कहावत जानते हैं—'जहाँ हिम्मत नहीं, वहाँ जन्नत नहीं।'

'बाइबिल' में कहा गया है—'जब माँगा नहीं तो मिलेगा क्या?' इसलिए, माँगने से कुछ कहने से डरो मत।

अपना दायरा बढ़ाते रहें

विचारों का नियम कहता है—परिमाण का प्रयोजन गुणवत्ता है। इसका तात्पर्य यह हुआ कि यात्रा शुरू करने से पहले आप लक्ष्य तक पहुँचने के जितने रास्ते तलाशेंगे, उतनी ही आपकी यात्रा आसान होती जाएगी। इससे आपकी पसंद की गुणवत्ता भी बेहतर होगी। अपना दायरा बढ़ाते रहें—पहला आइडिया, जो आपके मन में उभरा, उसी में न फँसें। इस बात को कभी न भूलें कि भावनाएँ आकलन और मूल्यांकन की बाधक होती हैं। कहने का मतलब यह कि अगर आप शुरुआत में भावुक हो जाते हैं तो आपको उससे बेहतर लक्ष्य तक पहुँचने में रुकावटें आ सकती हैं।

अपना सलाहकार स्वयं बनें

कल्पना करें कि आप एक सलाहकार (कंसल्टेंट) हैं और आपको स्वयं को ही सलाह देनी है कि लक्ष्य क्या चुनें और उसे हासिल करने के लिए कौन-कौन से अच्छे रास्ते हैं, जो गंतव्य तक सुगमता से ले जाएँगे। चूँकि आप अपने सलाहकार खुद हैं, इसलिए उत्तेजित न हों, चिढ़ें नहीं और बिल्कुल शांत व ठंडे दिमाग से सोचें; क्योंकि अपनी सलाह से आपको खुद काम करना है।

निर्णय लेते समय भावना, उद्वेग, उत्साह और प्रतिबद्धता का एक निश्चित समय होता है। लेकिन वह तभी होता है, जब आप अपने लिए सर्वोत्तम मार्ग चुन लेते हैं। उस समय तक आप उससे निर्लिप्त हैं, जब तक यह सुनिश्चित न हो जाए कि आपने अपने लक्ष्य के विषय में सही निर्णय ले लिया है।

आपके विचारों—और विशेषकर शुरुआती विचारों—के प्रवाह में न बहें। इस संभावना को हमेशा खुला रखें कि उसी लक्ष्य को हासिल करने के लिए उससे बेहतर अन्य उपाय भी हैं।

समृद्धि की आधारशिला

अगर आपका लक्ष्य वित्तीय सफलता है तो उसे स्थायी रूप से हासिल करने का एकमात्र उपाय यही है कि उसमें मूल्य/मानदंड जोड़ दें। सारे दीर्घकालिक निश्चित धनवाली योजना तभी फलीभूत होती है, जब उसमें किसी प्रकार का मूल्य जोड़ा जाए। ऐसा अन्य लोगों को सेवा प्रदान करने से होता है। यह सेवा उत्पाद और अन्य आपूर्ति से संबंधित होती है, जो आवश्यकता के हिसाब से लोग आपसे लेंगे और उसके लिए आपको पैसे मिलेंगे। उसमें प्रतियोगिता और प्रतिस्पर्धा भी शामिल हो, क्योंकि और लोग भी वैसी सेवाएँ उपलब्ध कराने के लिए मैदान में होंगे। यह बुनियादी आर्थिक सिद्धांत है और लंबे समय तक परिणाम देता है।

'बाइबल' का कदाचित् सबसे महान् सिद्धांत बोना और फसल का पकना है—'जैसा बोएँगे वैसा काटेंगे।' ठीक उसी प्रकार आप अपने कैरियर, परिवार, स्वास्थ्य और वित्तीय जीवन में जो भी बोते हैं, उसे वैसा ही प्राप्त करेंगे। आज जिसकी फसल का लाभ आप उठा रहे हैं, वह उसी का परिणाम है, जो आपने कल बोई है। अगर आप अपनी वर्तमान फसल से खुश नहीं हैं तो फिर आज ही दूसरी फसल बोने की शुरुआत कर दें। आज ही यह नींव रखने को, औरों के हित में पहले से बेहतर ढंग से मूल्य जोड़ें।

यह भी देखें कि बोने और फसल ढंग से काटने के नियम में यह शामिल नहीं है। बोने का काम पहले होता है और प्राय: पकने में काफी समय लेता है।

थॉमस स्टेनले और विलियम डेन्को ने अपनी किताब 'द मिलेनियर नेक्स्ट डोर' में लिखा है कि अमेरिका में औसतन अपने उद्यम से करोड़पति बने लोगों को 22 वर्षों की अपनी कड़ी मेहनत, त्याग, दिक्कतें तथा तमाम शुरुआती असफलताएँ निवेश करने के बाद धन कुबेर बनने में सफलता

मिली। जो लोग यह सोचते हैं कि वे औसत को पीछे धकेलकर एक ही बार में ऊँची छलाँग लगाएँगे और सीधे करोड़पति बन जाएँगे, वे असली बात भूल जाते हैं कि पहली शर्त कड़ी मेहनत है। इसके लिए वे तैयार नहीं होते और बाद में उन्हें सिवाय पछतावा और हताशा के कुछ भी हासिल नहीं होता।

बनाकर शुरुआत करें

अगर आप वित्तीय लक्ष्य लेकर चल रहे हैं तो जितना संभव हो, अधिक-से-अधिक इसे हासिल करने के तरीकों की सूची तैयार करें, जो आपको निश्चित समय में परिणाम दे। इसमें जितने ज्यादा विकल्प होंगे, उतनी ही जल्दी और बेहतर आप निर्णय ले सकेंगे। यहाँ आठ उदाहरण दिए जा रहे हैं—

1. आप नया कारोबार शुरू करके अपना लक्ष्य हासिल कर सकते हैं।
2. आप पहले से चल रहे किसी कारोबार को हाथ में लेकर उसे ज्यादा मुनाफावाला बना सकते हैं।
3. आप जो कुछ भी कर रहे हैं, उसमें अपनी विशिष्ट प्रतिभा और क्षमता निखार सकते हैं। इससे आप मनचाहा वेतन पाएँगे। सावधानीपूर्वक निवेश करके पैसे बचाएँ। यह पैसा जमा रहेगा।
4. आप किसी तरह के रियल एस्टेट में भी निवेश कर सकते हैं। चाहें तो उसका पुनर्नवीकरण करें या उसे फिर से बेचें अथवा किराए पर लगाकर उसका प्रबंधन करें।
5. आप अपनी विशेष प्रतिभा और हुनर का इस्तेमाल उस कारोबार में कर सकते हैं, जो आपने अभी शुरू किया है। अगर आपकी कंपनी का कारोबार चल निकला तो इसे स्टॉक एक्सचेंज तक ले जाने के विकल्प पर भी विचार कर सकते हैं।

6. आप कोई फ्रेंचाइज लेकर/खरीदकर उसे सफल बना सकते हैं।
7. आप अपने शौक या रुचि को पैसा कमानेवाले अवसरों की तरफ मोड़ सकते हैं।
8. आप अपना पूरा समय समर्पित भाव से किसी एक कंपनी को दे सकते हैं। वहाँ आप अपने हुनर का कमाल कंपनी को और आगे बढ़ाने में दिखाएँ और उस कंपनी में सबसे ज्यादा वेतन पानेवाले अधिकारियों की श्रेणी में आ जाएँ। जब कमाई इतनी ज्यादा होगी तो बचत भी ज्यादा होगी। उसे निवेश करके आप धनी बन सकते हैं।

ये सारे तरीके उन लाखों लोगों द्वारा आजमाए हुए हैं, जिनके पास शुरुआत के समय कुछ भी नहीं था और वे करोड़पति बन गए। उनमें से सभी ने इस मूल्य को अपना सिद्धांत बनाया कि किसी-न-किसी रूप में अन्य लोगों के प्रति सेवा-भाव मन में रखें।

आशा कोई रणनीति नहीं

याद रहे, आशा या उम्मीद कोई रणनीति नहीं है। अपना समय, पैसा, भावना, नौकरी, कारोबार या रिश्ते में निवेश करने से पहले गहन जाँच करें। अपने लक्ष्य- मार्ग के सारे प्रस्तावों पर विस्तार से अध्ययन करें।

उन लोगों से विमर्श करें, जिन्होंने उसी मार्ग से यात्रा की है। विशेषज्ञों से सीखें। उसी लक्ष्य के रास्ते तय करनेवाले लोगों से पूछें कि उन्होंने कैसे लक्ष्य पूरा किया और क्या सीखा। उनसे यह भी मालूम करें कि अगर वे दोबारा वह सफर शुरू करें तो किस मायने में पहले से भिन्न होगा।

अपने विकल्पों की समीक्षा करने के क्रम में इस संभावना के प्रति सचेत रहें कि आप पूरी तरह गलत भी हो सकते हैं। इसे स्वीकार करने को तैयार रहें और अगर जरूरत पड़े तो मार्ग बदल दें।

कहा जाता है कि दो बिंदुओं के बीच सबसे कम दूरी एक सीधी

रेखा है। आप में और आपके लक्ष्य के बीच के फासले में यह बात लागू हो, यह कोई जरूरी नहीं। कभी-कभी एक गोल रास्ता वास्तव में ज्यादा तेजी से लक्ष्य की ओर ले जाने में सहायक होता है।

आज कई लोग महसूस करते हैं कि वित्तीय लक्ष्य हासिल करने के लिए और बेहतर हुनर तथा शिक्षा की जरूरत है। वे कम्युनिटी कॉलेजों में नाम लिखाते हैं, ऑनलाइन डिग्रियाँ लेते हैं, कोर्स करते हैं, सेमिनारों में हिस्सा लेते हैं और अपने क्षेत्र से जुड़ी भाँति-भाँति की किताबें व पत्रिकाएँ पढ़ते रहते हैं। वे अपनी मिट्टी को जोतते-गोड़ते रहते हैं, खाद-पानी डालते रहते हैं, ताकि उनकी फसल पके और अच्छी पैदावार मिले।

आपके सोचने की क्षमता

अपने लक्ष्य तक पहुँचने के लिए आपके पास सबसे कीमती संपत्ति आपका दिमाग है। सबकुछ आपके सोचने की क्षमता पर निर्भर है कि आप क्या हैं और वास्तव में क्या चाहते हैं? आपकी 80 प्रतिशत और उससे भी ज्यादा सफलता इस पर टिकी है कि आप बिल्कुल स्पष्ट रूप में आगे बढ़ने से पहले तय कर लें कि वाकई आपकी योजना क्या है और किस तरह की सफलता आप पाना चाहते हैं।

अपनी सोचने की क्षमता की बदौलत ही आप योग्यता और हुनर के मुताबिक तय कर सकते हैं कि आप क्या हासिल करना चाहते हैं। उसके बाद ही सफर का रास्ता सोचें, जो आपको इस पड़ाव तक पहुँचाएगा, जो जीवन भर की सफलता का शिखर होगा।

□

3

अपनी उड़ान योजना लिख डालें

'अपने लक्ष्य तक योजना के वाहन से ही पहुँचा जा सकता है। उसमें हमारा पूरा भरोसा हो और जिस पर हम दिन-रात जुटकर काम करें। सफलता का दूसरा कोई मार्ग नहीं।'

—स्टीफन ए. ब्रेनन

अनेक लोग सोचते हैं कि सफल और सुखी होने के लिए एक स्पष्ट लक्ष्य तथा उसे हासिल करने के लिए एक सार्थक और आशावादी एप्रोच की जरूरत है। आपने अपना लक्ष्य चुन लिया, अच्छी बात है और अब यह आवश्यक है; मगर वह सिर्फ आरंभिक बिंदु है। वहाँ से आपका काम शुरू होता है। उसके बाद आपको खुद के सामने और दूसरों के भी सामने यह दिखाना है कि आप वाकई अपना लक्ष्य हासिल करने के लिए गंभीर हैं।

वास्तविकता यह है कि सिर्फ 3 प्रतिशत लोग ही ऐसे हैं, जिनके पास लक्ष्य और उसे हासिल करने की योजना स्पष्ट रूप में लिखी हुई है। लगभग 3 प्रतिशत युवा ही अपने आवश्यक लक्ष्यों पर रोज काम करते हैं। सिर्फ बड़े व सफल लोग ही अपने लक्ष्यों के बारे में हमेशा सोचते रहते हैं।

अधिकांश लोगों के पास लक्ष्यों की जगह ख्वाहिशें हैं। उनके पास

आशाएँ, सपने और फंतासी हैं। उनके पास जो कुछ है, उसे मैं सिगरेट का धुआँ कहता हूँ। वे हमेशा कल्पना की ही उड़ानें भरते रहते हैं और ध्यानपूर्वक असली मुद्दे पर फोकस करने के बजाय जल्दी उकता जाते हैं।

आपके सपनों का घर, सपनों का कारोबार, सपनों के संबंध और सपनों की नौकरी—सब सपने ही बने रहेंगे, जब तक कि आप कुछ करेंगे नहीं। तभी आप अपनी यात्रा की विस्तृत योजना बना पाएँगे और लक्ष्य तक पहुँचना सुनिश्चित कर सकेंगे।

माप-तौल और तरीका दोनों ही महत्त्वपूर्ण हैं

अपने लक्ष्य सुनिश्चित करते समय गुणवत्ता के साथ-साथ परिणाम का भी खयाल रखें। जब आप गुण के हिसाब से लक्ष्य तय करेंगे तो यह भी निश्चित करेंगे कि लक्ष्य हासिल हो जाने के बाद कैसा अनुभव होगा। आप उस स्थिति की भी कल्पना करें कि आपको कितना संतोष व सुकून मिलेगा और गर्व जैसा महसूस होगा कि आखिरकार जो मैंने सोचा था, वह हासिल कर ही लिया। यह सोच-सोचकर सुख और आनंद का अनुभव करें। अपने अंदर ऐसी अनुभूति जगाएँ, कल्पना करें, जैसे आपने अपना लक्ष्य पा लिया है।

लक्ष्य सुनिश्चित करते समय कुछ खास संख्या डालकर परिमाणवाले पहलू को भी जोड़ें। यह आपको एक निश्चित मुकाम देगा और आपकी प्रगति रिपोर्ट देता रहेगा। अगर आप इसकी माप-तौल नहीं कर सकते तो फिर सँभाल भी नहीं सकते।

उदाहरण के लिए, सभी कहते हैं कि वे वित्तीय रूप से स्वतंत्र होना चाहते हैं। लेकिन जब आप उनसे इसका मतलब पूछें तो प्राय: इतना ही कहकर निश्चिंत हो जाएँगे—'मैं करोड़पति बनना चाहता हूँ।' मगर यह लक्ष्य उतना आसान नहीं है, जितना कहने में लगता है। 'वित्तीय स्वतंत्रता' का अर्थ यह हुआ कि आपके पास इतना ज्यादा पैसा हो, ताकि पैसे के

लिए फिर कभी सोचना ही न पड़े। इसलिए सवाल उठता है कि आपकी संख्या क्या है ? वास्तव में, आपको जरूरत कितने की है ?

लक्ष्य का खाका बनाना आसान है

अपनी मुहिम पर निकलने से पहले आप उसकी योजनाओं का खाका तैयार कर लें। इससे आपकी सफलता की संभावनाएँ बढ़ सकती हैं—

1. तय करें कि अपने जीवन के हर क्षेत्र में आप चाहते क्या हैं। लक्ष्य इतना स्पष्ट हो कि एक बच्चा भी समझ जाए और दूसरे बच्चे को बता सके।

   जैसे, आप जब कहते हैं कि 'मैं अकूत पैसा कमाना चाहता हूँ।' तो आपके पास स्पष्ट धारणा हो कि इस 'अकूत' से आपका तात्पर्य क्या है ? आप अस्पष्ट योजना लेकर लक्ष्य तक नहीं पहुँच सकते।
2. अपने लक्ष्य को लिख डालें और उसे मापने योग्य बनाएँ। अगर कोई लक्ष्य लिखा हुआ नहीं तो फिर वह ख्वाहिश तक ही सिमटा रह जाएगा—'ऐसा लक्ष्य, जिसमें कोई ताकत नहीं, जिसके पीछे कोई नहीं।' जब आप इसे मापने योग्य बना लेंगे तो उद्देश्य स्पष्ट हो जाएगा।
3. एक समय सीमा निश्चित करें। इस संबंध में स्पष्ट धारणा बनाएँ कि आप कब तक लक्ष्य हासिल करना चाहते हैं। आपका अवचेतन मस्तिष्क समय-सीमा पसंद करता है। वह आपकी मानसिक शक्तियों को जाग्रत् कर आगे की ओर ढकेलता है।
4. उन तमाम बाधाओं की पहचान कर लें, जिनका सामना आपको रास्ते में करना होगा। आपके और आपके लक्ष्य के बीच की अड़चनें क्या हैं, जो आपको लक्ष्य तक पहुँचने नहीं दे रही हैं। जो भी सोचें, कागज पर लिखते जाएँ। पहले स्पष्ट रूप

में सोच लें कि क्या-क्या समस्याएँ और कठिनाइयाँ आपके सामने आ सकती हैं। उससे निजात पाने की तैयारी पहले ही कर लें, ताकि उसके लिए आपको कहीं अटकना न पड़े। इससे संबंधित सवाल स्वयं से करें और जवाब ढूँढ़ें कि उन समस्याओं का समाधान कैसे निकाला जाए।

5. लक्ष्य हासिल करने के लिए जो भी अतिरिक्त और हुनर की जरूरत होगी, उसे निश्चित करके देखें कि क्या है, क्या नहीं। याद रहे कि ऐसा कुछ प्राप्त करने के लिए, जो आपने पहले हासिल नहीं किया है, वैसे हुनर सीखने होंगे, अभ्यास करने होंगे, जो पहले से किया हुआ नहीं है। प्रत्येक नया लक्ष्य हासिल करने के लिए कुछ-न-कुछ नई जानकारी, नए हुनर की जरूरत होती है।
6. उन लोगों के नाम निश्चित कर लें, जिनका सहयोग, जिनकी मदद की दरकार आपको लक्ष्य-यात्रा के दौरान होगी। बड़े लक्ष्य को पूरा करने के लिए आपको कई लोगों की सहायता की जरूरत होगी। इसका स्पष्ट खाका और सूची आपके पास हो कि वास्तव में वे कौन-कौन लोग हैं। इसके लिए कुछ जरूरी कदम भी आपको उठाने होंगे कि उन लोगों का समर्थन और सहयोग आपको मिले।
7. उपर्युक्त सभी बातों का जवाब प्राथमिकता के आधार पर क्रमवार ढंग से सूचीबद्ध करें। ज्यादा जरूरी क्या है? पहले क्या कहना है? सभी कार्यकलापों का सिलसिलेवार तरीके से विवरण तैयार रहने से आपको लक्ष्य तक पहुँचने में काफी सहूलियत होगी।

उपर्युक्त कदमों पर चलकर आप कोई भी लक्ष्य पूरा कर सकते हैं,

जो अपने लिए आपने निर्धारित किया हुआ है। यह आसान सा फॉर्मूला है, जिसका इस्तेमाल करके आप आवश्यक-से-आवश्यक सफर अपनी निश्चित समय-सीमा के अंदर पूरा कर सकते हैं।

सफलता का गारंटीशुदा फॉर्मूला

इस फॉर्मूले की मदद से आप अपने जीवन में परिवर्तन ला सकते हैं, अपनी दुनिया बदल सकते हैं और आपको अपने गंतव्य के अंतिम पड़ाव तक पहुँचने में सफलता (सक्सेस) मिलनी ही है। दुनिया भर के लोगों ने मुझसे कहा है कि चार कदमों का अनुसरण करने से उन्होंने अपना लक्ष्य इतनी तेजी से पूरा किया, जिसकी कल्पना नहीं की थी।

कदम-1 दस लक्ष्यवाला तरीका अपनाएँ

एक पन्ना सादा कागज लें और उसके ऊपर लिखें—'लक्ष्य', साथ में आज की तारीख भी डालें। दस लक्ष्यों का नाम लिखें, जो आप भविष्य में प्राप्त करना चाहते हैं। 'जादू की छड़ी' वाली तकनीक अपनाएँ और कल्पना करें कि आप किसी सीमा से बँधे नहीं हैं। दस ऐसी चीजें लिखें, जो आपने पसंद की हैं और जिसके विषय में आप सोच सकते हैं कि भविष्य में हासिल हो जाने की गारंटी है।

उसके कुछ दिशा-निर्देश दिए जा रहे हैं—

1. वर्तमान काल में लिखें, जैसे कि आपका लक्ष्य हासिल हो चुका है। यह लिखने के बजाय कि—मैं सालाना .... डॉलर कमाऊँगा', आप यह लिखें—'मैं .... डॉलर हर साल कमाता हूँ।' आपका अवचेतन मस्तिष्क इस बात को अपनी कमांड में ले लेगा, जो सिर्फ वर्तमान काल में ही सामने आएगा।
2. सकारात्मक वाक्य लिखें। यह लिखने की बजाय कि—'मैं सिगरेट पीना छोड़ दूँगा' (नकारात्मक), आप यह लिखें—'मैं

धूम्रपान करता ही नहीं।' (सकारात्मक)

3. प्रथम पुरुष में लिखें। इस अभ्यास के लिए और अपने शेष जीवन के लिए हर लक्ष्य की शुरुआत इस शब्द से करें—'मैं'—ब्रह्मांड में इस शब्द का इस्तेमाल करनेवाले आप एकमात्र व्यक्ति हैं, जो 'मैं' का प्रयोग अपने लिए कर रहे हैं। जब आप 'मैं' शब्द से कोई सकारात्मक स्वीकारोक्तिवाला लक्ष्य लिखना शुरू करेंगे, तत्काल आपका अवचेतन मस्तिष्क इसे अपना लेगा और वह दिमाग के नियंत्रण कक्ष में दर्ज हो जाएगा।

आपके दस में से प्रत्येक लक्ष्य की शुरुआत 'मैं' से होनी चाहिए, जो वर्तमान सकारात्मक, प्रथम पुरुष में हो और उसकी समाप्ति समय-सीमा शब्द—'द्वारा' से हो।

कदम-2 अपना अत्यावश्यक लक्ष्य चुनें

एक बार सभी लक्ष्यों को लिख डालने के बाद कल्पना करें कि वह सारा आपने हासिल कर लिया है। देर-सबेर जब भी, कुछ पहले, कुछ बाद, कुछ ज्यादा समय में, कुछ कम समय में, मगर लक्ष्य पूरे कर लिये हैं। साथ में यह भी कल्पना करें कि आप इनमें से कोई भी लक्ष्य चुन सकते हैं और वह चौबीस घंटे के अंदर सही साबित होगा।

फिर अपने आपसे यह सवाल पूछें—'इनमें से कौन सा लक्ष्य ऐसा है, जिसे मैं तुरंत हासिल कर सकता हूँ तथा जिसका मेरे जीवन पर जबरदस्त प्रभाव पड़ेगा?' जो भी जवाब आपको मिले, उसके चारों ओर गोला बना दें। अब यह हो गया आपका प्रमुख निश्चित लक्ष्य—सबसे महत्त्वपूर्ण अत्यावश्यक लक्ष्य। अब आपकी जीवन-यात्रा का पहला और बड़ा कदम यही है।

कदम-3 योजना बनाएँ

इस योजना को एक साथ सारे कागज पर पहले लक्ष्य के रूप में सबसे ऊपर लिखें। यह सुनिश्चित करें कि यह वर्तमान, सकारात्मक और प्रथम पुरुष में लिखा हो और ऐसे लिखा हो, मानो आपने इसे हासिल कर लिया है। उसे पूरा करने की समय सीमा तय करें।

जिन कठिनाइयों से आपको छुटकारा पाना है, उसकी सूची बनाएँ। फिर जिस अतिरिक्त जानकारी और हुनर की आपको जरूरत होगी, उसकी सूची तथा लक्ष्य तक पहुँचने के लिए जिन लोगों के सहयोग की जरूरत होगी, उनकी भी सूची बनाएँ। इसे योजनाबद्ध तरीके से संगठित करें और अपने गंतव्य की ओर रवानगी में तुरंत जुट जाएँ।

कदम-4 अपने लक्ष्य पर गहरे चिंतन-मनन का अभ्यास

अपने लक्ष्य पर चिंतन-मनन से उसे हासिल करने की तीव्रता आपके अंदर बढ़ती जाएगी। एक सादा पेपर लें और उसके ऊपर अपना निश्चित प्रमुख लक्ष्य सवाल के रूप में लिखें।

उदाहरण के लिए, अगर आपका लक्ष्य वित्तीय है तो आप लिख सकते हैं—'हम कैसे XX,XXX डॉलर 31 दिसंबर, 2016 तक कमा सकते हैं?' उसके बाद खुद को अनुशासित करके इस सवाल के 20 जवाब लिखें। आप उससे ज्यादा भी उत्तर लिख सकते हैं। लेकिन अपने प्रश्न के 20 उत्तर तो कम-से-कम लिखें।

आपके पाँच उत्तरों में से तीन तो बिल्कुल सरल होंगे। आप लिखें कि इससे ज्यादा जरूर कर सकते हैं, लेकिन उससे कम तो कतई नहीं। बाद वाले पाँच उत्तर ज्यादा कठिन होंगे और उसमें काफी सृजनात्मकता की आवश्यकता होगी। अंतिम दस उत्तर के लिए अद्‌भुत एकाग्रता एवं अनुशासन की जरूरत होगी। आपको विचार-मंथन करके बीस उत्तरों के लक्ष्य तक पहुँचना होगा।

कार्य शुरू करें

जब आप बीस उत्तरों को छाँटकर एक का चयन कर लें तो तत्काल एक्शन में आ जाएँ। यह काफी महत्त्वपूर्ण है। जब आप उनमें से एक विचार को एक्शन में लाएँगे तो आप अपने अंदर की सृजनशीलता का ताला खोलेंगे। दिन भर आपके पास समस्याओं के समाधान के लिए नए विचार आते रहेंगे और लक्ष्य हासिल करने के नए उपाय नजर आते रहेंगे। आप आश्चर्यजनक रूप से काम करने लगेंगे।

अगर उनमें से किसी एक भी विचार के हिसाब से आपने तत्काल कुछ नहीं किया तो सृजनशीलता का प्रवाह धीमा पड़ जाएगा और फिर रुक जाएगा। उससे आपको बहुत कम लाभ मिलेगा। ऐसे में कुछ भी नहीं होगा।

किसी विचार पर आप कितने जल्दी एक्शन में आते हैं और भविष्य में किसी नए विचार को आप किस रूप में लेते हैं, उन दोनों में सीधा संबंध है।

अगर आप अपने अंदर यह आदत विकसित करते हैं कि किसी विचार पर तुरंत काम करने को तत्पर हो जाएँ तो इसका मतलब आप अपनी संभावना का एक्सीलेटर दबाने में एक कदम आगे बढ़ेंगे। उससे आप अपने सर्वाधिक महत्त्वपूर्ण लक्ष्य हासिल करने की ओर तेजी से अग्रसर होंगे।

यह अभ्यास जीवन भर जारी रखें। जब भी आपको लगे कि आप संक्रमण काल के दौर से गुजर रहे हैं या आपको नए लक्ष्य की जरूरत है तो दस लक्ष्यों की सूची बनाएँ। उनमें से एक सबसे फड़कता हुआ चुनें और उसके बाद हासिल करने के बीस नुस्खे आजमाने में जुट जाएँ। फिर उनमें से एक विचार को ग्रहण करें और तत्काल एक्शन में आ जाएँ।

भविष्य से फिर वर्तमान में लौटें

लक्ष्य हासिल करने की समय सीमा को बार-बार दिमाग में दौड़ाएँ।

कल्पना करें कि सबकुछ बिल्कुल ठीक आपकी योजना के तहत चल रहा है और आप तय की गई समय सीमा के अंदर ही अपना लक्ष्य पूरा कर लेंगे।

भविष्य को सामने रखकर अपनी सफलता की यात्रा के अब तक गुजरे पड़ावों का जायजा लें और देखें कि पहले आप कहाँ थे और आज कहाँ हैं। इस वाक्य को बीस जवाबों से पूरा करें—'मैंने यह लक्ष्य इसलिए पूरा किया, क्योंकि…' उसके बाद वह सारा कुछ लिख डालें, जो आप सोचते हैं कि सफल होने के लिए कौन-कौन से तरीके अपनाए जाने चाहिए। साथ में और भी तरीके लिखें, जो आपको लगता हो कि अपनाए जा सकते थे।

फिर एक सादा पन्ना लें और यह वाक्य पूरा करें—'मैं लक्ष्य हासिल करने में इसलिए असफल रहा, क्योंकि…' फिर उन तमाम तौर-तरीकों को लिख डालें, जो आप अपना सकते थे और यह भी लिखें कि आपकी नाकामी का कारण क्या रहा।

ऐसे अभ्यासों से आपको कोई भी निर्णय लेने में ज्यादा सोचना नहीं पड़ेगा। अन्य लोगों की तुलना में ज्यादा बेहतर तरीके से आप किसी नतीजे पर पहुँच सकते हैं। इन वाक्यों को दस या बीस उत्तरों में पूरा करके आपको खुद-ब-खुद नजर आने लगेगा कि अभी आगे क्या करना चाहिए और क्या नहीं, ताकि सफलता सुनिश्चित हो।

अपने नंबर वन लक्ष्य के लिए एक सकारात्मक स्वीकारोक्ति बनाएँ—'मेरा प्रमुख निश्चित लक्ष्य 31 दिसंबर, 2016 तक…रुपए कमाना है…' उसके साथ ही आपके मन में एक ऐसी तसवीर उभरेगी कि इस प्रकार यह लक्ष्य पूरा करने के बाद किस प्रकार अपनी जिंदगी थोड़ी अलग तरह की लगेगी। आप कल्पना करें कि यह लक्ष्य हासिल होने के बाद आप कैसा महसूस करेंगे। आप वे सारे कारण सोचें कि इसी लक्ष्य को पहले नंबर पर आपने क्यों रखना चाहा।

और अंत में, कुछ-न-कुछ रोज करने की प्रवृत्ति अपने अंदर विकसित करें। याद रहे, लक्ष्य हासिल होने तक कोई भी दिन नागा न जाए। आप सतत प्रयास करते रहें और प्रयत्नशील बने रहें। याद रखें कि आपको अपना बेहद महत्त्वपूर्ण लक्ष्य हासिल करने में असफलता की बात तो मन में आने ही नहीं देनी है।

अभ्यास

उड़ान योजना को लिखना

दस लक्ष्यों की सूची बनाएँ, जो आप अगले वर्ष हासिल करना चाहेंगे—

1. ....

2. ....

3. ....

4. ....

5. ....

6. ....

7. ....

8. ....

9. ....

10. ....

इस सूची का कौन सा लक्ष्य आपके जीवन पर सबसे जबरदस्त प्रभाव डालेगा, अगर आप उसे 24 घंटे के अंदर पूरा कर लें—

....

....

....

....

लक्ष्य हासिल करने की आपकी समय-सीमा क्या होगी ?

....

....

....

....

लक्ष्य हासिल करने के रास्ते में आनेवाली तीन कठिनाइयों या अड़चनों की सूची बनाएँ—

1. ....

2. ....

3. ....

ऐसे तीन अतिरिक्त हुनर या जानकारी की सूची बनाएँ, जिसकी जरूरत आपको लक्ष्य हासिल करने के लिए पड़ेगी—

1. ....

2. ....

3. ....

तीन महत्त्वपूर्ण व्यक्तियों, समूहों या संगठनों की सूची बनाएँ, जिनकी सहायता की जरूरत आपको लक्ष्य हासिल करते समय पड़ेगी—

1. ....

2. ....

3. ....

ऊपर वर्णित सवालों के जवाबों के आधार पर उन सात कदमों की सूची बनाएँ, जो आप लक्ष्य-यात्रा करने के लिए तत्काल उठा सकते हैं—

1. ....

2. ....

3. ....

4. ....

5. ....

6. ....

7. ....

अपने लक्ष्य की ओर रवाना होने से पहले वह कौन सा काम होगा, जो आप आगे कदम बढ़ाने के साथ ही तत्काल उठाएँगे?

....

....

अंतिम प्रश्न का जो भी उत्तर हो, उसे तुरंत अमल में लाएँ। जरा भी प्रतीक्षा न करें। तत्काल एक्शन में आ जाएँ और लक्ष्य की ओर कूच करें। पीछे मुड़कर न देखें।

□

4

अपनी यात्रा की तैयारी करें

'क्या आप अनिर्णय की स्थिति में हैं? तो अभी, इसी वक्त इसे समाप्त करें। मजबूत इच्छा-शक्ति में ताकत है, मजबूती में जादू है। व्यस्त रहें, खुद को व्यस्त रखें, दिमाग में हलचल पैदा होगी और यह तेजी से काम करेगा। बस, शुरू हो जाएँ, काम तो पूरा होना ही है, होकर रहेगा।'

—जोहान वोल्फगैंग वॉन गोथे

तैयारी करना व्यावसायिक होने की निशानी है। यह किसी भी क्षेत्र में सफल व्यक्तियों की भी पहचान है। जब आप अपने व्यवसाय में डूबेंगे तो पाएँगे कि महान् सफल लोग औसत लोगों से ज्यादा अपनी तैयारी में समय देते हैं। किसी भी व्यवसाय में गुजर-बसर के लिए संघर्ष करनेवालों से ज यादा उसी व्यवसाय को अपनाकर सफलता के शिखर पर पहुँचे टॉप-10 प्रतिशत व्यक्ति खूब अच्छी तरह से तैयारी करके उसके हर एक बिंदु पर खूब गंभीरता से विचार कर लेने के बाद अपना काम शुरू करते हैं, यानी कि यात्रा पर कूच करते हैं।

व्यावसायिक सफर करनेवाले किसी भी ट्रिप पर निकलने से पहले

पैकिंग से लेकर इतने तरह की तैयारियाँ करने की आदत डाल लेते हैं कि उन्हें किसी भी नई यात्रा के लिए कूच करने से पहले ज्यादा सोच-विचार या चिंता नहीं करनी पड़ती है; क्योंकि वह सब उनकी आदतों में शुमार हो जाता है। पहले तो वे तमाम ऐसे सामान की सूची बनाते हैं, जिसकी जरूरत उन्हें अगली यात्रा के लिए पड़ेगी। वे याददाश्त पर भरोसा नहीं करते, सारा कुछ लिख लेते हैं। यह होता है उनका पहला कदम। दूसरे, पैकिंग से पहले वे सारा सामान अपने सामने रख लेते हैं, जो साथ ले जाने वाले हैं। तीसरे, फिर सारे सामान को भलीभाँति निर्धारित समय से काफी पहले ही पैक करके इस तरह रख लेते हैं, मानो तुरंत हवाई अड्डे के लिए निकलना हो। व्यावसायिक यात्री समझते हैं कि अफरा-तफरी में पैकिंग और जल्दी-जल्दी निकलने के चक्कर में कोई जरूरी सामान छूट सकता है। इससे हवाई अड्डे पर पहुँचने से लेकर विमान में बैठने तक खुद को भी और यात्रा प्रबंधन में लगे कर्मचारियों को भी अनावश्यक असुविधाएँ हो सकती हैं।

बेहतर सफर और अपने ठिकाने तक सही-सलामत पहुँचने के लिए एक तकनीक आप अपना सकते हैं। इसके तहत सोचें कि 'खराब-से-खराब क्या हो सकता है?' उसके लिए अपने आपसे पूछें कि इस ट्रिप में खराब-से-खराब क्या हो सकता है?

खराब स्थिति के प्रति सचेत और सावधान रहें

एक प्रोफेशनल (व्यावसायिक) वक्ता और सेमिनार संचालक के रूप में मेरे लिए अभी खराब यही हो सकता है कि मेरा सामान कहीं छूट जाए और मुझे बिना कपड़े के तथा यहाँ बोलने के लिए आवश्यक सामग्री के आना पड़े। इस खराब स्थिति के प्रति मैं सचेत था और अपना सारा सामान मैंने विमान में अपनी आँखों के सामने रखा और हमेशा ऐसा करता हूँ। पहले से योजना तैयार रखने की इस आदत के कारण मुझे

सामान समेटने में देरी या सामान छूटने जैसी परेशानी का सामना कभी नहीं करना पड़ा। यहाँ तक कि लंबी ट्रिप या यात्रा में भी, जिसमें कई दिनों की यात्राएँ रहती हैं और लगातार बोलना पड़ता है, मैं अपने साथ एक छोटा सूटकेस लेकर विमान में चलता हूँ।

जरूरी होने के बावजूद मैं बड़ा सूटकेस नहीं लेता। उसकी जाँच हो सकती है। छूटने की संभावना रहती है।

अपने गंतव्य के रास्ते में और लक्ष्य को प्राप्त करने तक लगातार अपने आप से सवाल करते रहें कि खराब-से-खराब क्या हो सकता है और उसके प्रति सावधानी बरतते हुए आगे बढ़ें।

प्रतिकूल परिस्थिति से निजात की योजना

बड़े-बड़े चिंतक और महान् व्यक्ति पहले ही सोच लेते हैं कि खराब या प्रतिकूल स्थिति का सामना करना पड़ सकता है। इससे छुटकारा पाने की योजना बना लेते हैं। नेपोलियन बोनापार्ट से एक बार किसी ने पूछा कि क्या वे भाग्य पर भरोसा करते हैं, तो उन्होंने 'हाँ' में जवाब दिया और साथ में यह भी कहा कि—'मैं खराब किस्मत में यकीन करता हूँ। मैं मानता हूँ कि यही मेरे साथ है और उसी हिसाब से योजना बनाता हूँ।'

उदाहरण के लिए, किसी भी उड़ान में विलंब होना या उसका रद्द होना कोई असामान्य बात नहीं है; क्योंकि मौसम या तकनीकी खराबी के कारण प्रायः वैसा होता है। मेरे साथ ऐसा कई बार हुआ है। इस स्थिति से निजात पाने के लिए मैं अपनी निर्धारित उड़ान पकड़ने से पहले अपने ट्रैवेल एजेंट से कहकर उस समय की या उससे पूर्व की अन्य उड़ानों की सूची ले लेता हूँ। हमारे विमान में अगर कोई समस्या आती है तो मैं दूसरा विमान पकड़कर निकल जाता हूँ। वैसे अवसरों पर असंभावित इमरजेंसी की स्थिति में मैं तुरंत आपके ट्रैवेल एजेंट को फोन करता हूँ। वह उस रूट की अन्य उड़ानों का ब्योरा कंप्यूटर पर देखकर बता देती है

और मिनटों में वैकल्पिक उड़ान की व्यवस्था हो जाती है।

जरूरत हो तो तेजी से आगे बढ़ें

ज्यादा दिन नहीं हुए, 'फॉर्च्यून 500' कंपनी के सेमिनार में हिस्सा लेने के लिए मैं पाँच घंटे की विमान-यात्रा पर निकला। जब सब लोग अपनी सीटों पर बैठ गए तो पायलट ने ऐलान किया कि विमान में कुछ तकनीकी खराबी आ गई है और कर्मी दल उसे ठीक करने में जुटा है। उसने यह भी बताया कि लगभग 30 मिनट में सही स्थिति का पता चल पाएगा, तब तक यात्रीगण कुछ पढ़ सकते हैं या फोन कॉल कर सकते हैं।

ऐसे हालात का आदी हो चुका मैं तत्काल सक्रिय हुआ। अपने ट्रैवेल एजेंट को फोन किया। पता चला कि बीस मिनट में एक और विमान उसी रूट के लिए उड़ान भरेगा। मैं उस विमान में बैठा और निर्धारित समय से आधा घंटा पहले अपने गंतव्य पर पहुँच गया।

बाद में पता चला कि पहले विमान में भारी तकनीकी खराबी थी, जिसे पायलट ने कम करके शुरू में बताया था। यात्रियों को विमान के अंदर और उसके आसपास तीन घंटे से ज्यादा समय तक रखा गया और उसके बाद विमान रद्द कर दिया गया। चूँकि उस दिशा में जानेवाले सारे विमान उड़ चुके थे, इसलिए यात्रियों के पास घर लौटने और अगले दिन आने के सिवाय कोई विकल्प नहीं था। यदि हो तो उन्हें किसी अन्य फ्लाइट में सीट मिल जाती तो वे भी सही समय पर गंतव्य स्थल पर पहुँच जाते।

छोटे-मोटे धक्के योजना को पटरी से उतार सकते हैं

जैसे एयरपोर्ट जाने के लिए कोई टैक्सी लेते हैं, वैसे ही सामान्य सा कुछ करने की जरूरत आपको पड़ सकती है। लेकिन टैक्सी के लिए ऑर्डर बुक करने के लिए अगर आप देर तक इंतजार करते हैं तो संभव है कि

टैक्सी या तो देर से आए या उपलब्ध ही न हो। पुराना 6-पी फॉर्मूला याद रखें—'प्रॉपर (समय पर), प्रिअर (पहले), प्लानिंग (योजना), प्रिवेंट्स (रोके), पूअर (खराब), परफॉर्मेंस।'

कुछ वर्ष पूर्व एक बर्फीले तूफान के कारण डलास में हवाई अड्डे से 25 कि.मी. दूर एक मोटेल में मुझे मजबूरन ठहरना पड़ा। वहाँ मैं आधी रात के वक्त पहुँचा। लेकिन मुझे सवेरे 7 बजे तक अपना विमान पकड़ने के लिए वापस हवाई अड्डे आना था, ताकि मैं अपने सेमिनार में शामिल होने के लिए समय से बर्मिंघम पहुँच सकूँ।

मोटेल में रात की ड्यूटी पर तैनान क्लर्क काफी थका था। मैंने उसे बताया कि हवाई अड्डा पहुँचने के लिए मुझे सवेरे 5.30 बजे टैक्सी की जरूरत है। उसने मुझे भरोसा दिलाया कि वह टैक्सी के लिए कह देगा और सवेरे 5.30 बजे टैक्सी इंतजार में खड़ी मिलेगी। चार घंटे की नींद के बाद मैं उठा, तैयार हुआ और सीढ़ियाँ उतरकर टैक्सी लेने नीचे आ गया; मगर टैक्सी वहाँ खड़ी नहीं मिली।

रातवाला स्टाफ अभी तक ड्यूटी पर था। जब मैंने उससे टैक्सी के विषय में पूछा तो उसने असहाय भाव से कंधे हिला दिए और कहा कि वह भूल गया था। मैं ठिठका-सा रह गया।

सौभाग्य से ठीक उसी वक्त एयरलाइन बस सवेरे की उड़ान के लिए विमान के कर्मी दल को लेने आई। मैं उस प्राइवेट बस के पास गया, ड्राइवर को रिश्वत दी और उससे आग्रह किया कि अपने टर्मिनल तक मुझे पहुँचा दे। और इस प्रकार मैंने अपनी उड़ान पकड़ी तथा निर्धारित समय से बर्मिंघम पहुँच गया।

निष्क्रिय होने से इनकार

इस अनुभव ने मुझे दो चीजें सिखाईं—एक, खराब के लिए तैयार रहें। कोई क्या कहता है या कहेगा, उससे कोई फर्क नहीं पड़ता। लेकिन

उस संभावना के लिए तैयार रहें, जब कोई अन्य व्यक्ति आपकी बात पर ध्यान नहीं देता।

दूसरा, सक्रिय रहें, निष्क्रिय नहीं। गुस्सा या हताश होने के बजाय व्यस्त रहें और कुछ करते रहें। उसका विकल्प खोजें। वर्तमान स्थिति को स्वीकार करने से इनकार कर दें, अगर वह संतोषजनक न हो। कुछ होगा, इस इंतजार में हाथ-पर-हाथ धरे बैठने की जगह बेहतर होगा कि इस दिशा में कुछ करके देखें।

चेकलिस्ट तैयार करें

प्रत्येक उड़ान से पहले पायलट सावधानीपूर्वक चेकलिस्ट की समीक्षा करता है। बीस वर्षों से सक्रिय पायलट रहने और हजारों घंटे विमान उड़ाने के बावजूद पायलट हर उड़ान से पहले चेकलिस्ट का गहराई से जायजा लेते हैं।

आपको भी उसी तरह एक चेकलिस्ट तैयार करनी चाहिए। इससे कोई फर्क नहीं पड़ता कि कितनी बार आप उसी ट्रिप में गए हैं। आपको अपनी हर चेकलिस्ट की समीक्षा करनी चाहिए। याददाश्त पर कभी भरोसा न करें। चेकलिस्ट का एक भी विवरण अगर अनदेखा रह गया और कहीं ऐन मौके पर दगा दे गया तो आपकी सारी लक्ष्य-योजना को पटरी से उतर सकता है।

कुछ वर्ष पहले आई.बी.एम. तथा इसकी कंपनी के लिए अनेक सेमिनारों में गया। हमारे एक अनुयायी प्रतिभाशाली प्रबंधक ने अचानक मेरे टेलीफोन का जवाब देना बंद कर दिया। कंपनी के अन्य लोगों से जब मैंने संपर्क किया तो पता चला कि एक व्यावसायिक ट्रिप के दौरान विमान दुर्घटना में उसकी मृत्यु हो गई। जो कुछ हुआ वह वाकई बड़ा दर्दनाक था।

डलास में उतरते समय विमान दुर्घटनाग्रस्त हुआ था और उसमें सवार सारे यात्री मारे गए थे। बाद में जाँच के बाद दुर्घटना का कारण क्या निकला, देखिए। वह उस दिन की अंतिम उड़ान थी और पायलट

शाम को इस ओर बढ़ रहे थे। ब्लैक बॉक्स के अनुसार विमान चालक खुशी से आपस में बातचीत में मशगूल थे, क्योंकि विमान रनवे की ओर जा रहा था। दो दशक से विमान उड़ानों के अनुभवी फ्लाइट इंजीनियर कॉकपिट में अपने साथी पायलटों के साथ गपशप में मशगूल थे। उस क्रम में अपनी चेकलिस्ट की समीक्षा वे नहीं कर पाए। इसका परिणाम हुआ कि विमान के जमीन पर उतरते समय वे फ्लैप नीचे करना भूल गए। इसी भूल के चलते विमान दुर्घटनाग्रस्त हुआ। उसमें आग लग गई और विमान का कोई भी यात्री नहीं बचा।

अपने व्यक्तिगत लक्ष्यों की ओर बढ़ते हुए और संघर्ष करते हुए चेकलिस्ट की समीक्षा न करने का परिणाम वैसा ही गंभीर हो, कोई जरूरी नहीं। लेकिन यह कोई असामान्य बात नहीं है कि किसी व्यवसाय में उद्यमी चिंताजनक स्थिति में भी कोई महत्त्वपूर्ण ब्यौरे पर ध्यान दे और सारी पूँजी गँवा बैठे।

तैयारी की कुंजी

आपने यह कहावत तो सुनी ही होगी कि 'अच्छी शुरुआत की तो समझिए, आधा काम हो गया।' किसी भी क्षेत्र में हर सफल उद्यमी की सफलता की कुंजी है—उसकी तैयारी। अच्छी तैयारी के लिए आप जो-जो उपाय अपनाते हैं, उसी के साथ आपकी व्यक्तिगत चेकलिस्ट चलती है। इस संबंध में कुछ अपनाने योग्य सुझाव दिए गए हैं—

1. आप जा कहाँ रहे हैं? भरपूर समय देकर अपने सपनों और लक्ष्यों की स्पष्ट रूपरेखा तैयार करें। इसे आप कहाँ खत्म करना चाहते हैं? उस समय आपको कैसा महसूस होगा, अगर सबकुछ बिल्कुल ठीक-ठाक चले। अंतिम परिणाम पर पहुँचने की स्थिति के बारे में आप जितना ज्यादा सोचेंगे, उतनी ही अंतरिम योजना बनाने में सहूलियत होगी।

2. लक्ष्य उड़ान के रास्ते में और लक्ष्य तक पहुँचने के बाद जो भी आप सोच सकते हैं, उन तमाम बातों की सूची बना लें। एक भी छूटे नहीं और सफर के दौरान नया कुछ सोचें तो उसे भी जोड़ते जाएँ।
3. लक्ष्य यात्रा के रास्ते में क्या गलत हो सकता है और कौन सी गड़बड़ हो सकती है, वैसी हर संभावना के बारे में सोचें। जो असंभावित है, उसके विषय में और उसके निदान के बारे में भी सोचें। किस्मत और उम्मीद पर बिल्कुल भरोसा न करें। सबकुछ आपकी योजना के अनुकूल ही होगा।
4. उन लोगों से बात करें, जो उसी यात्रा से गुजरे हैं। पहिए के पुनः आविष्कार की कोशिश न करें। विनम्र बनकर उन लोगों से सलाह लें और उनसे मालूम करें कि अपने वांछित लक्ष्य तक पहुँचने की उन्होंने क्या कीमत चुकाई।
5. आपके रूट के बारे में अन्य लोगों ने जो कुछ भी लिखा है, उसमें जितना पढ़ सकते हैं, पढ़ जाएँ। कभी-कभी एक ही व्यक्ति से प्राप्त एक ही अंतर्दृष्टि सफलता और असफलता के बीच का सारा अंतर बता देती है।

लक्ष्य आपके लिए और आपके परिवार के लिए काफी महत्त्वपूर्ण है। इसलिए स्वयं से और अपने परिवार से कोई वायदा करने से पहले आप भरपूर समय देकर भरपूर तैयारी करें। ऐसा कोई शब्द या वाक्य नहीं है कि 'बहुत ज्यादा तैयारी' कर ली।

'बी' योजना विकसित करें

जब आप अपनी लक्ष्य-यात्रा पर रवाना हों तो संभावित देर, अड़चन या रुकावटों के बारे में पूरा समय देकर सोचें। 'बी' योजना पर भी विचार करते रहें। अगर कहीं पहली ('ए' योजना) योजना सफल नहीं हुई तो

उसकी जगह 'बी' योजना का विकल्प तैयार रहे, ताकि काम रुके नहीं। इस मुगालते में न रहें कि आपकी योजना के अनुसार ही सबकुछ होना है।'

कारोबार में आपको ग्राहक, वित्त के स्रोत, मार्केटिंग, बिक्री के उपाय और व्यापार से जुड़े अन्य आवश्यक संपर्क बढ़ाने चाहिए। व्यवसाय शुरू करने से लेकर भविष्य में इसकी सफलता के लिए भी गारंटी है। व्यक्तिगत जीवन में भी इस बात का खयाल रखना चाहिए कि ऐसा कुछ न हो, जिससे कुछ गड़बड़ हो जाए। आप तनाव या चिंता के मारे प्रयास बीच में ही छोड़ दें और सारी योजना धरी-की-धरी रह जाए। उसी स्थिति का विकल्प है—'बी' योजना।

मरफी के ये नियम कभी न भूलें—

1. अगर कुछ गलत हो सकता है तो फिर वह गलत ही होगा।
2. अगर कुछ खराब हो सकता है तो वह खराब ही होगा और खराब समय में होगा।
3. खराब यह हो सकता है कि पैसा गलत जगह फँस गया, तो फिर खराब समय में उसकी कीमत चुकानी पड़ सकती है।

और उसके बाद आता है कोहेन का नियम—'मरफी आशावादी था।'

योजना बनाने और तैयारी का काम पहले ही कर लें

जो लक्ष्य या गंतव्य आपने चुना है, वहाँ तक पहुँचने की आपकी क्षमता पूरी तरह स्पष्ट होनी चाहिए। इसके बारे में रवानगी के बाद सोचने के बजाय रवाना होने से काफी पहले से ही सारा कुछ सोचकर रखें। उसके प्रत्येक पहलू पर गंभीरतापूर्वक विचार कर लेने से अनिश्चितता दूर हो जाएगी और निश्चित लक्ष्य प्राप्त होने की संभावना बढ़ जाएगी।

इस नीति वाक्य को याद रखें—'अच्छी शुरुआत की तो बस समझिए, आधा काम हो गया।'

सफल लोग हमेशा अपने अभियान से जुड़े सभी पहलुओं और हर बिंदु के प्रति सजग व सचेत रहते हैं। खासकर कोई नया सफर या अभियान शुरू करते समय तो कभी भी जल्दबाजी में काम नहीं करते। सफल व्यक्तियों का यही प्रयास रहता है कि ऐसा कुछ न छूटने पाए, जो बीच रास्ते में याद आए और उसके लिए अनावश्यक रूप से रुकना पड़े। वे इस बात को जरा भी तरजीह नहीं देते कि सबकुछ बिल्कुल ठीक-ठाक ही चलेगा, जो प्राय: लोग निठल्लेपन की तसल्ली के लिए मान लेते हैं। सफल लोग समझते हैं कि उनके काम की स्वयं उनके जितनी परवाह कोई और नहीं करेगा। फलत: उनके निश्चित प्रमुख लक्ष्य हासिल करने की संभावना बड़े ही नाटकीय अंदाज में बढ़ जाती है, जिसका किस्मत से कुछ लेना-देना नहीं है।

□

5

पूरे उत्साह से उड़ान भरें

'जहाँ भरोसा नहीं, वहाँ हौसला नहीं। और आधी लड़ाई इसी की है कि आप वही कर सकते हैं, जो करते हैं।'

—स्वेट मार्डेन'

आपने अपना लक्ष्य तय कर लिया, हवाई अड्डे पर पहुँच गए, विमान में अपनी सीट पर बैठ गए। अब आप उड़ान भर रहे हैं—जहाँ सिर्फ भरोसा आपका संबल है, सफलता की कोई गारंटी नहीं है। यह आपका ही नहीं, सारे सफल लोगों के जीवन का निर्णायक मोड़ है।

रनवे तक ले जानेवाली विमान टैक्सी टॉवर से उड़ान की क्लियरेंस लेने के बाद वापस रनवे के नीचे आना शुरू कर देती है। यह बहुत महत्त्वपूर्ण क्षण होता है। क्योंकि आपकी यात्रा की शुरुआत वास्तव में उड़ान भरना ही है।

क्लियरेंस के बाद पायलट पूरे उत्साह के साथ विमान उड़ाने की प्रक्रिया में जुट जाता है। पहले धीरे-धीरे विमान रनवे पर चलता है, फिर तेजी से तथा और तेजी से दौड़ता है और रनवे से हवा में उड़ने

तक गति बढ़ती जाती है। उसी क्षण को पायलट उड़ान की विधिवत् शुरुआत मानते हैं। यह शत-प्रतिशत गति की रवानगी होती है।

यहाँ एक महत्त्वपूर्ण सवाल है—ऐसा क्यों होता है कि पायलट पूरी शत-प्रतिशत के बजाय सिर्फ 80 या 90 प्रतिशत गति का इस्तेमाल करता है? इसका जवाब कोई भी पायलट दे सकता है। अगर पायलट शत-प्रतिशत से कम गति अपनाएगा तो विमान उड़ने लायक गति नहीं पकड़ पाएगा और रनवे पर ही दौड़ता रह जाएगा।

सफल लोग किसी भी नए लक्ष्य की उड़ान इसी प्रकार तेजी और पूरे जोश के साथ भरते हैं। वे अपने काम में डूब जाते हैं। उनका दिल-दिमाग उसी पर केंद्रित रहता है कि वे एक नए अभियान की शुरुआत कर रहे हैं और असफल होने के लिए नहीं कर रहे हैं।

लक्ष्य तक पहुँचने के लिए इसके सिवाय और कुछ भी मायने नहीं रखता कि आप कड़ी मेहनत कर रहे हैं और इसमें तब तक कोई कमी नहीं आने देनी है, जब तक कि पूरी तरह लक्ष्य हासिल न हो जाए।

औसत लोग तेजी से और खूब तेजी से नहीं उड़ते। वे इसे हल्के ढंग से लेते हैं और मंथर गति से धीरे-धीरे यह सोचते हुए बढ़ते हैं कि जितना कम संभव हो, मेहनत से बचकर काम चल जाए। इसलिए वे लक्ष्य की ऊँचाई तक नहीं पहुँच पाते। उन्हें वास्तविक सफलता नहीं मिल पाती।

पहला कदम उठाएँ

महान् और औसत लोगों की सोच में बुनियादी फर्क यह है कि महान् लोग हमेशा बड़ा और रोमांचक लक्ष्य चुनते हैं। जबकि साधारण लोग कुछ भी ठान लेते हैं। महान् लोग सारे पहलुओं पर आँखों के सामने के यथार्थ को ध्यान में रखकर विचार-विमर्श करके 'पहला कदम' उठाते हैं। जबकि औसत लोग सपने, उम्मीदें, इच्छाएँ, अरमान तो बड़े

लोगोंवाले ही रखते हैं, लेकिन प्रयास वैसा नहीं करते। आशाओं से ज यादा आशंकाएँ उन्हें घेरे रहती हैं और आगे का पहला कदम उठाने से पहले उनका पैर एक कदम पीछे होने लगता है। असफलता का यह डर कि कहीं सारा कुछ डूब न जाए, यह सब मिलकर औसत लोगों के हौसले पस्त कर देते हैं।

कई वर्ष पहले मैंने एक उद्धरण पढ़ा था—'निराशा के तट पर विजय के क्षणों में भी हिचकिचाहट एवं अनिर्णय की स्थिति में रहते हैं तथा कुछ पाने से पहले ही सबकुछ खो देते हैं।'

साहस : सफलता की कुंजी

महान् सफलता की ओर कूच करने के लिए सबसे महत्त्वपूर्ण है—हौसला। यही है सफलता की कुंजी। विंस्टन चर्चिल ने कहा था—'हिम्मत को सबसे बड़ा गुण माना गया है, बाकी सब गुण इसी पर निर्भर हैं।' इंग्लैंड की 'लौह महिला' (आयरन लेडी) ने एक बार कहा था कि साहस है तो सबकुछ खिंचा चला आता है।

प्रसिद्ध पुस्तक 'पावर' के लेखक रॉबर्ट ग्रीन ने भी कहा है, 'हमेशा हौसले बुलंद रखें। शुरू में अगर थोड़ी समस्या भी आए तो इसका अंतिम परिणाम अनुकूल और सुखद ही होगा।'

जहाँ तक देख सकते हैं, वहाँ तक बढ़ें

अपने लक्ष्य के प्रति अवधारणा तो स्पष्ट रखें ही, लेकिन इसे हासिल करने की प्रक्रिया में थोड़ा लचीला रुख अपनाएँ। पहले से कितनी भी अच्छी तरह योजना आपने क्यों न बनाई हो, अदृश्य परिस्थितियाँ आपको बार-बार अपनी योजना में संशोधन करने के लिए विवश कर देंगी।

लेकिन आप पहला कदम उठाने को तैयार रहें। ऐसा करने से पहले दूरदृष्टि के सिद्धांत के अनुरूप जितनी दूर तक देख सकते हैं,

देखकर और सोचकर कदम बढ़ाएँ। इस मायने में प्रकृति जोकर है, रास्ते में एक कंबल लिये खड़ी है। जब आप एक बार अपना लक्ष्य या उद्‌देश्य तय कर लेंगे तो प्रकृति पीछे हट जाएगी और आपको पहला कदम दिखा देगी। यह एक परीक्षा है। प्रकृति तय करती है कि पहला कदम दिखाने में आप वास्तव में गंभीर हैं या नहीं।

अगर आप विश्वास की ओर बढ़ेंगे और जब एक कदम उठाने की स्थिति दिखाई देगी, प्रकृति बता देगी कि आप गंभीर हैं। वह पीछे हट जाएगी और अगला कदम बताएगी। और जब आप वे कदम उठाएँगे, प्रकृति फिर सामने आएगी और अगला कदम बताएगी। और जब आप वे कदम उठाएँगे, प्रकृति फिर सामने आएगी और फिर आगे का एक कदम बताएगी। हमेशा आपको एक और कदम दिखाई देगा और काफी दूर तक रास्ता नजर आएगा।

उत्कृष्टता की ओर अग्रसर

पूरे जोश के साथ शत-प्रतिशत गति से उड़ान भरने के लिए सबसे पहले कड़ी मेहनत की जरूरत है और यह आवश्यक है कि मेहनत लक्ष्य पूरा होने तक जारी रखें। इसमें उत्कृष्टता के साथ-साथ इसका भी महत्त्व है कि आप क्या करते हैं। वांछित लक्ष्य पूरी होने की अपने अंदर की संभावना प्रत्यक्ष रूप में सही साबित होते देखने के लिए उत्तम उपाय यह है कि अपने क्षेत्र में 10 प्रतिशत सफल लोगों के साथ निकट संपर्क स्थापित करें। जब लोग शीर्ष पर होते हैं, तभी उन तक संतोष, इनाम, पहचान व प्रसिद्धि पहुँचती है। बाकी लोगों को शेष भाग मिलता है।

वर्ष 1992 के नोबेल पुरस्कार विजेता अर्थशास्त्री गैरी बेकर ने हाल ही में अमेरिका में 'इनइक्वेलिटी गैप' पर एक लेख लिखा। उन्होंने दिखाया कि तथाकथित असमानता—खाई—वास्तव में हुनर की खाई है।' क्योंकि हम हाई टेक—अद्यतन —ज्ञान पर आधारित समाज में जीते हैं

और वही लोग पहचान बना पाते हैं, जो लगातार अपने ज्ञान और हुनर से दिन-प्रतिदिन के विकास के अनुरूप उल्लेखनीय उपलब्धि हासिल करते रहते हैं। सबसे ऊँची आयवाले भी वही लोग हैं, जो नई-नई तकनीक हमेशा सीखते रहते हैं।

जितना गुड़ डालोगे, उतना ही मीठा होगा।

इसमें एक और बात गौर करने लायक है। ज्यादा आयवाले परिवारों के पास उनके काम में हाथ बँटानेवाले भी ज्यादा हैं। वे अपने स्टाफ को अच्छी तनख्वाह देते हैं और वे कम आयवाले परिवारों की तुलना में काम के घंटे भी ज्यादा होते हैं। औसत उद्यमी, कंपनियों के मालिक और ऊँची आयवाले बड़ी फर्मों के वरिष्ठ एग्जीक्यूटिव हर हफ्ते 59 घंटे या उससे भी ज्यादा देर तक काम करते हैं। निम्न आय वर्गवाले 20 प्रतिशत और उससे भी ज्यादा लोगों के परिवारों में हर हफ्ते 20 घंटे या उससे भी कम समय तक काम करनेवाले हैं। एक सामान्य अध्ययन से प्राप्त आँकड़ा सामने है। इसका निष्कर्ष पुराने नीति वाक्य में है कि जो आपने बोया ही नहीं, वह फसल कैसे उगेगी और कैसे पकेगी।

'द मिलिनियर नेक्स्ट डोर' पुस्तक के लेखक स्टेनली और डेंको 25 वर्षों तक लोगों के इंटरव्यू लेने के बाद इस नतीजे पर पहुँचे कि अपने हुनर की बदौलत करोड़पति बननेवाले 85 प्रतिशत लोगों की सफलता का राज है—उनकी कड़ी मेहनत। वे बार-बार कुछ इस तरह की बात दोहराते हैं—'हमारे पास कोई अच्छी शिक्षा नहीं थी। हम अन्य लोगों की तरह स्मार्ट भी नहीं थे। लेकिन हम कड़ी मेहनत करना चाहते थे और करते रहे। बस, उसी का भरोसा था।'

1-10 की सूची में आनेवाले 10 टॉप लोगों ने अपने क्षेत्र में पाँच गुना से 20 गुना या उससे भी ज्यादा कमाई की। ये लोग वहाँ पहुँचे हुए हैं, जहाँ भविष्य में कभी पहुँचने का आप सपना देख रहे हैं। उसी क्षेत्र

में काम कर रहे 80 प्रतिशत लोगों की कमाई 1-10 वालों के समकक्ष सिर्फ कल्पना में होती है।

जितना ज्यादा समय संभव हो, काम करते रहें

एक ही नियम या सिद्धांत अपनाकर आप अपने लक्ष्य को पा सकते हैं और अपने गंतव्य तक पहुँच सकते हैं। वह सिद्धांत है कि हमेशा काम करते रहें। इसका कोई विकल्प नहीं है, क्योंकि यही एकमात्र उपाय है। इसका तात्पर्य लगातार टेबल-कुरसी पर बैठे रहने से नहीं है। मगर जितनी देर बैठें, सिर्फ काम और बस, काम ही करें। अपना समय व्यर्थ की सामाजिकता और स्वयं को तसल्ली देने में न गँवाएँ। दिमाग में हमेशा काम की ही बात रहनी चाहिए। ध्यान काम की ओर ही लगा रहे। जितनी ज्यादा देर तक संभव हो, दिन-रात काम करते रहें।

मन को इधर-उधर भटकने न दें और काम पर ही केंद्रित रखें। व्यर्थ की बातों और दूसरों के काम की नुक्ताचीनी में समय गँवानेवालों से दूर रहें। आपको आपके इर्द-गिर्द ज्यादा लोग वैसे ही मिलेंगे, जो काम कम और बातें ज्यादा करते हैं। न स्वयं काम करेंगे, न आपको करने देंगे। वे काम के वक्त में भी फिल्म, खेल, परिवार, राजनीति की बातों में उलझे रहेंगे और आपको भी उलझाना चाहेंगे। वैसे लोगों को अपने पास फटकने न दें और साफ-साफ कहें कि आप अपना काम करें, मुझे भी करने दें।

प्राथमिकता के आधार पर रोज सवेरे ही दिन भर में खत्म करनेवाले कामों की सूची तैयार कर लें। सबसे ज्यादा आवश्यक काम पूरी तरह पहले निबटा लेने के बाद ही दूसरा काम हाथ में लें। सुबह की शुरुआत सबसे आवश्यक काम से ही करें। अपनी कंपनी में सबसे कठिन काम करनेवाले के पदचिह्नों पर चलें।

याद रहे, सफलता अचानक झटके से नहीं मिलती। सफलता पूरी

तरह भविष्य की चीज है और वह भविष्य कड़ी मेहनत तय करती है। अगर आपने अन्य सफल लोगों की तरह काम करने की आदत डाल ली है तो सफलता निश्चित है। अगर आपको अपने पैर पीछे करने पड़ते हैं तो उसके लिए आप स्वयं दोषी हैं।

□

6

कठिनाइयों के प्रति सचेत रहने की योजना

'अगर मुझसे कोई सलाह माँगी जाए तो संपूर्ण मानवता के लिए एकमात्र सर्वाधिक उपयोगी सलाह मैं यही दूँगा कि मानकर चलें कि कठिनाइयाँ जीवन में अवश्यंभावी हैं। जब भी ये सामने आएँ, मस्तक ऊँचा और सीधा करें, आँखों में झाँकें, दृढ़ता से कहें—मैं तुमसे बड़ा हूँ, तुम मुझे पराजित नहीं कर सकतीं।'

—एन लैंडर्स

विमान में उड़ते समय पायलट सभी यात्रियों से कहता है कि सीट बेल्ट बाँधकर अपनी सीट पर बैठे रहें। कई मामलों में पायलट कहता है—'उड़ान भरने के शुरुआती दौर में कुछ दिक्कतें आने की संभावना है, इसलिए कृपया सीट बेल्ट बाँधकर सभी यात्री अपनी सीट पर रहें।'

अगर आप कोई नई नौकरी या कारोबार शुरू करते हैं तो आपके सामने दिक्कत आएगी। किसी भी नौकरी, व्यवसाय या नया अभियान शुरू करते समय ऐसी दिक्कतें व समस्याएँ सामने आना संभव है, जिनकी

आप कल्पना नहीं कर सकते और जिससे आपका वास्ता नहीं पड़ा है। यह एक प्रकार से विमान के नीचे किसी चीज से टकरा जाने के कारण उड़ान में गड़बड़ी आने जैसा है।

अगर आप किसी नए लक्ष्य की ओर बढ़ते हैं तो बार-बार गलतियाँ होंगी। उसमें समय, पैसा और उससे भी बड़ी आपकी भावना बरबाद होगी। सफल होने के लिए आपको लगातार अपनी गलतियों से सबक लेकर उससे प्राप्त अनुभवों से नए हुनर सीखते जाना है और नई जानकारी हासिल करते रहना है।

आपकी लक्ष्य-यात्रा में कई प्रकार की समस्याएँ, विपरीत परिस्थितियाँ, तात्कालिक असफलताएँ सामने आएँगी। वे जीवन के एक अंग की तरह हैं और होना ही है। अगर आप किसी मुहिम में सफल होना चाहते हैं तो यह मुहिम पूरी करना तभी संभव है, जब आप वैसी कठिनाइयों से जूझने और उन पर विजय प्राप्त करते हुए आगे बढ़ते जाएँ।

जवाब में संयम बरतें

मजबूत और दृढ इच्छा-शक्तिवाले लोग अपनी लक्ष्य-यात्रा के दौरान आनेवाली समस्याओं के प्रति सजग रहते हैं; क्योंकि वे जानते हैं कि इनसे पाला पड़ना ही है। कमजोर हौसलेवाले कोई समस्या या अड़चन आने पर चौंक जाते हैं और निराश हो जाते हैं; क्योंकि वे यह सोचकर तो चलते नहीं कि दिक्कतें भी आ सकती हैं। वे चिढ़ जाते हैं। उन्हें अपने पर और अपने काम पर भी गुस्सा आता है। उन असंभावित समस्याओं के लिए कमजोर लोग दूसरे को दोष देते हैं। प्राय: वे निराश और चिड़चिड़े हो जाते हैं।

इस समीकरण से समस्या का एक भाग प्रभावित होता है—कठिनाई आने पर आपकी जवाबी कार्रवाई का तरीका। इसे प्राय: आपकी 'प्रत्युत्तर क्षमता' कहा जाता है।

जीवन में आपकी सफलता काफी कुछ इस बात पर निर्भर है कि अपनी प्रत्युत्तर क्षमता का प्रभावी ढंग से इस्तेमाल करके किस प्रकार आप अपनी समस्याएँ सुलझाने में कामयाब होते हैं। सफल व्यक्तियों से आप यह टेक्निक सीख सकते हैं कि वे कैसे अपनी समस्याओं से छुटकारा पाते हैं।

जमीन से जुड़ी समस्याएँ

सर्वप्रथम यह मानकर चलें कि जीवन में समस्याएँ, निराशा और अस्थायी असफलताएँ आनी ही हैं। जब ये सामने आएँ तो न निराश हों, न चौंकें और न ही दुःखी हों, न गुस्सा करें। उसकी जगह एक गहरी साँस लें और इत्मीनान से कहें—समस्याएँ सुलझाना तो मेरा काम है। समस्याएँ बताती हैं कि हमें करना क्या है। जितनी बार आप समस्या सुलझाएँगे, आप उससे ज्यादा बड़ी समस्या सुलझाने में सक्षम हो जाएँगे। इसका बड़ा पुरस्कार यह मिलेगा कि बड़ी-से-बड़ी समस्या भी आपके रास्ते में बाधक नहीं बन पाती। लेकिन बड़ी समस्याएँ सुखद परिणाम और उत्तरदायित्व लेकर आती हैं।

निजी जीवन में और काम में समस्याओं से निबटने की क्षमता हमेशा आपको ऊँचाई की ओर ले जाती है। बड़े लोग बड़ी समस्याएँ सुलझाते हैं। छोटे और कमजोर लोग छोटी समस्याओं से जूझते हैं या उनके पास कोई समस्या ही नहीं होती। हर क्षेत्र में ज्यादातर सफल और आत्मविश्वासवाले वही लोग हैं, जिन्होंने अपने क्षेत्र में बड़ी-से-बड़ी और छोटी-से-छोटी ज यादा-से-ज्यादा समस्याएँ निबटाई हैं।

समाधान की दृष्टि से सोचें

विशिष्ट लोग समाधान के नजरिए से ही सोचते हैं, इसलिए उन्हें कोई समस्या विचलित नहीं करती। उनके सोचने का ढंग ही समस्या के बजाय समाधान-केंद्रित होता है और वे इसके लिए दूसरे को दोषी नहीं

ठहराते। सफल लोगों की नजर भविष्य पर रहती है और वे यह सोचते हैं कि किसी समस्या से होनेवाले नुकसान की भरपाई कैसे हो। किस प्रकार समस्याएँ कम की जाएँ, ताकि आगे बढ़ने में कोई बाधा न आए।

अच्छी रणनीतियों में से एक आप यह अपना सकते हैं कि अपनी समस्याओं के मद्देनजर मानसिक तैयारी का अभ्यास करें। पहले से ही मानसिक रूप से ऐसी प्रैक्टिस शुरू कर दें कि कुछ भी हो, कोई फर्क नहीं पड़ता। आप बिल्कुल शांत रहेंगे। पहले से ही ऐसी मानसिकता विकसित करें कि आप न तो विचलित होंगे, न ही आपको गुस्सा आएगा। मन में सोच लें कि कोई भी या कैसी भी समस्या आए, आप शांतिपूर्वक प्रभावी तरीके से सुलट लेंगे।

जब आप इस तरीके से खुद को पूर्व योजना बनाने पर केंद्रित कर लेंगे तो जो भी अवश्यंभावी समस्याएँ सामने आएँगी, आप बिल्कुल शांत और स्थिरचित्त होकर समाधान निकालने की स्थिति में आ जाएँगे। आप ज्यादा इत्मीनान होकर सार्थक हल निकाल सकेंगे। स्थिति पूरी तरह आपके नियंत्रण में होगी।

सवाल पूछें

आप व्यवसाय या निजी जीवन में असंभावित कठिनाइयों से जूझते हुए बिल्कुल शांत और स्थिर रहें। अपने सारे विकल्प खुले रखें और उस पर प्रतिक्रिया व्यक्त करने या उससे चिढ़ने की जगह सवालों पर फोकस रहें। सवाल उठाएँ और उसका जवाब स्वयं से पूछें।

पहले तो सारे तथ्य बटोरें और खोजें कि वास्तव में असली समस्या है क्या ? यह कैसे पैदा हुई ? समस्या से जुड़े अन्य पहलुओं पर विचार करें। तथ्यों को फिर से टटोलें। प्राय: ऐसा होता है कि समस्याओं को बढ़ा-चढ़ाकर पेश किया जाता है और वे गलत सूचनाओं पर आधारित होती हैं।

कभी-कभी समस्या का निदान समस्या के अंदर ही छिपा होता है।

ऐसा भी होता है कि जब समस्या सामने आती है, वह समस्या होती ही नहीं। उसकी गहराई में जाने पर वह समस्या नहीं निकलती। उलटे वह समस्या किसी बद्दुआ की जगह दुआ साबित हो जाती है। सवाल पूछने की प्रवृत्ति आपको शांत और नियंत्रण में रखती है। समाधान पर अपना ध्यान केंद्रित रखें और पूछें कि इस समस्या का हल निकालने के लिए हम तत्काल कौन सा कदम उठाएँ?

अधिकांश लोग किसी तरह की समस्या सामने आने पर बेहद घबरा जाते हैं, मानो कोई बड़ी विपत्ति सामने आ गई हो और निदान खोजने के बजाय खराब-से- खराब स्थिति के बारे में सोचने लगते हैं। इसके लिए दूसरे को दोष देने लगते हैं। ऐसी दोनों ही प्रवृत्तियों को पनपने न दें और अपने इर्द-गिर्द ऐसा सोचनेवाले लोगों की बातों को तरजीह न दें। उन्हें हतोत्साहित करें और इससे संभावित नुकसान से उन्हें अवगत कराएँ।

जवाबदेही स्वीकारें और कार्यभार सँभालें

जब एक बार आपने समस्या को स्पष्ट रूप में समझ लिया और उसके समाधान के भी विभिन्न उपाय खोज लिये तो उसके बाद आपका अगला कदम यह बनता है कि इसकी जवाबदेही स्वीकारें। इसमें आपकी अपनी भी जवाबदेही शामिल है और वो भी, जो आप दूसरे को सौंपेंगे। उसके बाद कार्य सँभालने का नंबर आता है।

हमेशा वही सोचें, जो कार्य आपको करना है। ठीक वैसे ही, जैसे पायलट की आँखों के आगे सिर्फ उड़ान भरते समय और उसके बाद आनेवाली कोई असंभावित अड़चन नाचती रहती है। जब आपको लगे कि कोई समस्या सामने है तो तुरंत स्थिति को नियंत्रण में लें और यह सुनिश्चित करें कि आप सही दिशा में उड़ रहे हैं।

जीवन में उत्पन्न प्रत्येक कठिनाई हमारी परीक्षा होती है। एकमात्र प्रश्न यह है कि आप इस परीक्षा में पास होते हैं या फेल। जब भी आप

समस्या या कठिनाई के प्रति कारगर ढंग से जवाबी कार्रवाई करते हैं, आप में बुद्धिमत्ता, प्रतिभा एवं वैयक्तिक शक्ति विकसित होती है। आप अधिक स्मार्ट, सक्षम तथा समस्या के समाधान में अधिक योग्य होते जाते हैं।

अपनी भाषा बदल दें

उड़ान के समय 'एटीच्यूड' शब्द उड़ान के कोण या क्षैतिज दिशा के सापेक्ष आपकी एप्रोच से जुड़ा है। जिस तरीके से आप किसी समस्या को लेकर सोचते हैं, उससे आपकी मनोवृत्ति या एप्रोच का पता चलता है।

आप किसी कठिनाई के प्रति अपनी एप्रोच तथा मनोवृत्ति बदलने के लिए तीन शब्दों का इस्तेमाल कर सकते हैं। सबसे पहले 'समस्या' की जगह 'स्थिति' शब्द का इस्तेमाल कर सकते हैं। 'समस्या' नकारात्मक शब्द है, जिससे भय तथा चिंता के भाव उत्पन्न होते हैं; जबकि 'स्थिति' निरपेक्ष या तटस्थ है। हमें 'मेरी एक समस्या है' कहने की बजाय यह कहना चाहिए, 'मैं इस स्थिति में हूँ'।

मेरी सोच के मुताबिक 'समस्या' का मतलब है—'चुनौती'। अगर कुछ गड़बड़ स्थिति से साबिका पड़ जाए तो आप तत्काल कहें, 'हम आज एक रोचक चुनौती का सामना कर रहे हैं।'

'चुनौती' एक सार्थक और सकारात्मक शब्द है। आप उस संबंध में सोच सकते हैं कि हर नई चुनौती आपको एक कदम आगे ले जा रही है। उससे गंभीर-से-गंभीर समस्या का हल निकालने की क्षमता बढ़ती जाती है, क्योंकि आप उसे चुनौती के रूप में लेते हैं। चुनौतियाँ जोश और उत्साह दिलाती हैं। चुनौतियों का सामना करते हुए आप अपने अंदर की संभावना का भरपूर इस्तेमाल करते हैं।

इन सभी में सबसे अच्छा शब्द है—'अवसर'। यह कहने की बजाय कि 'मेरे साथ एक समस्या है', आप यह कह सकते हैं कि 'हमारे पास एक ऐसा अवसर है, जैसा मैंने सोचा भी नहीं था।'

नेपोलियन हिल की यह मशहूर पंक्ति है—'जो भी समस्या या कठिनाई आपके सामने आती है, उसमें उसी के समान या उससे अधिक लाभ का बीज छिपा रहता है।' आपका काम है—अपना लाभ खोजना और समस्या के प्रति आपकी एप्रोच आपकी सोच पर निर्भर है।

हर स्थिति और हालत में बेहतर-से-बेहतर परिणाम के लिए किसी भी समस्या का इस तरीके से निदान सफलता की गारंटी है। अधिकांश सफल लोग ज्यादा समय इसी नजरिए से सोचते हैं।

बंद अक्ल का ताला खोलें

सर्वाधिक महत्त्वपूर्ण अंग है—आपका मस्तिष्क, जो पूरी तरह सक्रिय और आपके लिए उपलब्ध रहता है। लेकिन जब आप चिंतित या क्रोध में रहते हैं तो मस्तिष्क का सोचनेवाला हिस्सा (निकोकोर्टेक्स) बंद हो जाता है, जैसे मकान की सारी बत्तियाँ बुझ गई हों। अगर आप किसी समस्या के प्रति भावुक हो जाते हैं तो आपके दिमाग का सोचनेवाला तंतु संवेदनशील हिस्से में चला जाता है, जिसे 'पालियोकोर्टेक्स' कहा जाता है।

आपके भावुक मस्तिष्क की दो अवस्थाएँ होती हैं—लड़ाई या उड़ान (फाइट या फ्लाइट)। किसी भी अवस्था में समस्या को लेकर अगर आप आशंकित या चिंतित हो जाते हैं तो समस्या आपके हाथ से निकलकर नकारात्मक क्रोध और दोषारोपणवाले कोषांग में चली जाती है। आप हमले और आरोप-प्रत्यारोप में उलझकर मूल समस्या को टालने की कोशिश करने लगते हैं। इसका परिणाम होता है कि उलझन कम होने के बजाय बढ़ती जाती है। बड़े और सफल लोग अपने रोजमर्रा के जीवन में और लक्ष्य के रास्ते में कई उतार-चढ़ाव हमेशा देखते हैं। लेकिन अपनी भावनाओं पर काबू पाकर और सोच में बदलाव लाकर वे स्थिति को इतना नियंत्रण में रखते हैं, ताकि लक्ष्य से भटकने की नौबत न आए। इसके लिए वे जितने तरीके अपनाते हैं, उसमें सबसे महत्त्वपूर्ण है शब्दों का चयन, जो सफल

लोग किसी स्थिति का विवरण देने के लिए इस्तेमाल करते हैं। साथ में उनके बोलने का अंदाज और समस्याओं से जूझने में उनका व्यवहार भी मायने रखता है।

हेडविंड की उड़ान

विमान की उड़ान की तरह अगर आप किसी नए लक्ष्य की उड़ान भरते हैं तो आपके पास प्रस्थान और आगमन के समय का आइडिया रहता है। पूरे शेड्यूल और कार्यक्रम की जानकारी होती है कि आप अनुमानतः इतने बजे अपने गंतव्य तक पहुँचेंगे तथा वहाँ पहुँचकर आपको ये-ये करना है। लेकिन विमान के उड़ने के साथ ही आपको पायलट 'असंभावित हेडविंड' का एहसास करा देता है।

पिछले कुछ वर्षों में मैंने लाखों मील की यात्राएँ की हैं। एक दुर्घटना को छोड़ मेरे पास लगभग हर प्रकार का अनुभव है। यह कोई असामान्य बात नहीं है। बारिश के दिनों में सीमा पार देशों की यात्रा के दौरान विमान को ऐसे हेडविंड (प्रतिकूल हवा) का सामना करना पड़ता है। इसके चलते कभी-कभी विमान को हवा में उड़ते हुए दो घंटे या उससे भी अधिक विलंब हो जाता है; क्योंकि 150 से 200 मील की गति से चलनेवाली हवाएँ विमान को दायरे में नहीं चलने देतीं। एक बार जब मैं न्यूयॉर्क से डलास जा रहा था तो हेडविंड की गति इतनी तेज थी कि असंभावित विलंब झेलना पड़ा। और पायलट के सेंट लुई में विमान उतारकर ईंधन भरवाना पड़ा था।

आपके अपने जीवन में भी यही स्थिति है। ज्यों ही आप नई यात्रा पर निकलेंगे, आप उसी तरह की हेडविंड या प्रतिकूल हवा का अनुभव करेंगे। ऐसा भी संभव है कि सारा कुछ कायदे से चलने में अनावश्यक रूप से इतना विलंब हो जाए कि आप सोच भी नहीं सकते। फिर तो आपको सबसे पहले अपनी वित्तीय स्थिति का जायजा लेना होगा और पूरी

प्रक्रिया को नए सिरे से दोबारा-तिबारा सुधारना होगा। क्योंकि ऐसा भी हो सकता है कि आपके संभावित समय-सीमा से तिगुना समय लग जाए।

हेडविंड के प्रकार

आपके व्यवसाय और निजी जीवन में कई स्रोतों से हेडविंड आते हैं। उनमें पहला स्रोत है—'अन्य लोग' । वे आपको निराश करेंगे, धोखा देंगे, ठग लेंगे और आपकी उम्मीदों पर पानी फेरकर आपको अक्षम तथा असमर्थ साबित कर देंगे। अगर आपने यह उम्मीद लगा रखी हो कि जिन लोगों के साथ आप काम कर रहे हैं, वे सबके-सब तेज, मेहनती, ईमानदार और लगनशील साबित होंगे तो फिर आपके सामने विवेक और कौशल के मार्ग में काम लेने की चुनौती होगी।

हेडविंड के एक प्रमुख स्रोत हैं—आपके ग्राहक। जब आप कोई नया अभियान शुरू करेंगे तो आप यह देखकर चकित रह जाएँगे कि ग्राहकों को अपना सामान/उत्पाद खरीदने के लिए और सेवा लेने के लिए पहली बार आमंत्रित करना कितना कठिन है। सभी ग्राहकों के आराम और शौक के अलग-अलग पैमाने हैं। सहजता और सामान्य तरीके से जो मिल रहा है, उस स्वभावगत नियम के तहत ग्राहक जिस सप्लायर से सामान लेते हैं, उसी से लेते रहने की आदत डाल लेते हैं। और वे जल्दी बदलना नहीं चाहते, चाहे आपके सामान की क्वालिटी उससे बेहतर क्यों न हो; क्योंकि वे अतीत के आदी हो चुके रहते हैं और उस आराम से निकलकर वर्तमान में पहल करने की नहीं सोचते।

ग्राहक आपको इस रूप में निराश करेंगे कि आपकी उम्मीद के मुताबिक सामान नहीं खरीदेंगे, कम कीमत में लेना चाहेंगे और सौदा करने की बातचीत लंबे समय तक जारी रखेंगे। सामान अगर सही भी होगा तो तारीफ से ज्यादा शिकायत करके उलटे आपको हतोत्साहित करेंगे। वे

थोड़े दिनों में ही आपको महसूस करा देंगे कि सामान की कीमत नया उत्पाद होने के बावजूद ज्यादा है और अन्य कंपनियों की प्रतियोगिता के आगे क्वालिटी में नहीं ठहरते, अच्छी सेवा के वायदे में खरे नहीं उतरते। ऐसी कठिनाइयाँ और चुनौतियाँ बिल्कुल सामान्य बात हैं। आपका काम है उन वास्तविकताओं से जूझना और उसके निदान के उपाय खोजना।

याद रखें कि ग्राहक हमेशा सही होता है। यह मायने नहीं रखता कि आप क्या सामान बनाते हैं, महत्त्वपूर्ण यह है कि लोग क्या खरीदते हैं और आपके सामान को किस रूप में लेते हैं। यह मायने नहीं रखता कि आप क्या ऑफर कर रहे हैं; बल्कि यह देखना है कि लोग क्या पसंद करते हैं, जिस पर आपका भविष्य निर्भर है। जीवन में हम किसी-न-किसी रूप में दूसरों की सेवा करके अपनी जीविका अर्जित करते हैं और वही अन्य लोग तय करते हैं कि हम कितना सफल चल रहे हैं। तथ्यों का और यथार्थ स्थिति का सामना करें। अपने उत्पादों की क्वालिटी ऐसी सुधारें कि ग्राहक आपको खोजें और आपके सामान की माँग करें।

वित्तीय हेडविंड

दूसरे, जिस हेडविंड का आपको सामना करना पड़ेगा, वह है पैसा, अर्थात् वित्त। कुछ लोग आपको कहेंगे कि पैसे का जुगाड़ करना कोई दिक्कत नहीं है। बस, आपको एक सकारात्मक सोच अपनाने की जरूरत है, आप पैसेवाले बन जाएँगे। सब इसी बात को सही मानकर चलना चाहते हैं और कई लोग मन में यह बात रखकर काफी पैसे मन-ही-मन सँजो भी लेते हैं।

लेकिन ऐसे लोगों के एजेंडे में वे लोग शामिल नहीं हैं, जिन्होंने वास्तव में वित्तीय सफलता हासिल की है। अकूत पैसे कमानेवालों ने अपने कटु अनुभवों से सीखा है कि पैसे के विषय में एक ही बात आसान है और

वो ये कि पैसा कभी भी हाथ से निकल सकता है। एक जापानी कहावत है—'पैसा बनाना सुई या पिन से गड्ढा खोदना है और पैसा गँवाना बालू पर पानी गिराने जैसा है।'

पैसा बहुत भावनात्मक मुद्दा है। पैसों को लेकर छोटी सी बात पर भी किसी से अनबन हो सकती है। जब पैसे के जुगाड़ में आप अपने मित्रों, महाजनों, बैंकों और अन्य कर्जदाताओं के दरवाजे का चक्कर लगाएँगे तो कोई घास नहीं डालेगा। वे पहले सीधे मुँह बात नहीं करेंगे, आप पर संदेह करेंगे और आपके मामले को हलके ढंग से लेंगे। पैसे को लेकर सब सतर्क रहते हैं। आपका काम बहुत धीरे-धीरे करेंगे, क्योंकि पैसेवालों के पास अपनी कमाई का बहुत कड़वा अनुभव होता है। वे धोखा, झूठे वायदे और ठगी जैसी स्थिति भुगतते रहते हैं। इसलिए वे कहीं पैसा लगाने से पहले काफी सोचते हैं, हिचकिचाते हैं और कोई निर्णय लेने में सावधानी बरतते हैं।

व्यक्तिगत हेडविंड

अपने अभियान में आगे बढ़ने के बाद व्यक्तिगत हेडविंड भी आपके रास्ते में रुकावट डालेंगे। जब चुनौतियों से जूझना शुरू करेंगे तो आपको महसूस होगा कि अपने लक्ष्य में सफल होने के लिए आवश्यक योग्यता, हुनर, ज्ञान और क्षमता की आप में कमी है। ऐसा संभव है। हो सकता है, आपको लगे कि आप अच्छे प्रबंधक साबित नहीं हो पा रहे हैं और आप में आत्म-अनुशासन की भी कमी है। फिर आपको लग सकता है कि आप अपने महत्त्वपूर्ण लक्ष्य की ओर पूरी तरह खुद को केंद्रित नहीं कर पा रहे हैं। आपका ज्यादा समय अनिश्चय की स्थिति से निजात पाने में बरबाद होगा—क्या करें, क्या नहीं करें। बीच में छोड़ें तो कैसे, आगे बढ़ें तो कैसे?

आपको अपने में वित्तीय, विश्लेषणात्मक, मार्केटिंग और विक्रय के हुनर की कमी महसूस हो सकती है। शायद आप तय नहीं कर पाएँ कि कैसे अपने व्यवसाय का नियोजन व प्रबंधन करें, कैसे प्रचार-प्रसार करें एवं विज्ञापित करें, ताकि ग्राहक आकर्षित हों और आपके उत्पादों की संभावित बिक्री हो। हो सकता है, आपको यह भी आइडिया न हो पाए कि कैसे अच्छे लोग आपकी कंपनी से जुड़ें, अच्छे निर्णय ले सकें।

अगर आप कोई नया व्यवसाय या कारोबार शुरू करने जा रहे हैं तो आपको अपनी कंपनी में अच्छे और ऊँचे पदों के लिए योग्य तथा सही व्यक्तियों को चुनने में दिक्कत आ सकती है। आपको अपने में यह कमी महसूस हो सकती है कि कहीं प्रतिनिधिमंडल भेजने के लिए उपयुक्त अधिकारी कैसे चुनें। कैसे नीचे से लेकर ऊपर तक के अपने स्टाफ के कामकाज पर नजर रखें। कैसे सुनिश्चित करें कि बजट के भीतर वे काम सही कर रहे हैं या नहीं। बजट निष्पादन का विशिष्ट रूप से मापन हो।

ये सारे सीखनेवाले हुनर हैं। लेकिन दक्षता हासिल करने का आरंभिक बिंदु यह है कि आप यह स्वीकार करें कि आपको इनकी जरूरत है। कुछ क्षेत्रों में आप में कमी है। इसके बाद आपकी शिक्षा शुरू होगी।

अगर आप तेज दिमाग के हैं और बिल्कुल सजग हैं तो वे सारे हुनर सीख सकते हैं, जिनकी आपको जरूरत है और वे लक्ष्य हासिल कर सकते हैं, जो आपने चुन रखे हैं। इसके लिए सबसे पहली जरूरत यह है कि अपनी किसी भी कमी से निराश न हों और आगे बढ़ा हुआ कदम पीछे न करें। उसकी जगह आप वैसे हुनर विकसित करें, जैसे आपका लक्ष्य हो और उसे हासिल करने की योजना बनाएँ। तब तक काम करें, जब तक लक्ष्य हासिल न हो जाए।

आप हैरान न हों

जीवन में सफलता, आनंद तथा संतुलन का मार्ग तैयार करने के लिए

समझदारी व परिपक्वता मूल गुणवत्ता है। तभी हम यह सोच पाएँगे कि समस्याएँ और कठिनाइयाँ जीवन का सामान्य, प्राकृतिक एवं अपरिहार्य भाग हैं। श्रेष्ठ व्यक्ति बनने के लिए यह स्वीकार करना होगा कि जब आप बड़े, रोमांचक ध्येय या गंतव्य की ओर बढ़ें, तो आपको लगातार अप्रत्याशित अशांति तथा हेडविंड का सामना करना होगा। आपका कार्य यह सीखना है कि किस प्रकार से शांतिपूर्वक, स्पष्ट रूप में तथा पूर्ण आत्मविश्वास से कठिनाइयों से पार पाया जा सकता है।

विपत्ति के समय शांत रहकर आप प्रभावशाली विचारक बन सकते हैं। आवश्यकता पड़ने पर धैर्य बरतें, तभी आप धैर्यवान बन पाएँगे। अपने कार्यक्षेत्र तथा व्यक्तिगत जीवन में आनेवाले तूफानों का कारगर ढंग से सामना करके आप अपने भाग्य के उत्तम पायलट बन सकते हैं।

□

7

लगातार त्रुटि-सुधार करते रहें

‘हमारे काम में देर-सबेर संकट आते ही हैं। सफलता और आनंद इस पर निर्भर है कि हम उस संकट का सामना कैसे करते हैं। समय की शुरुआत के साथ ही संकट भी शुरू होता है। जीवन का कोई क्षेत्र संकट से अछूता नहीं है। इसका सामना किए बिना और इससे निजात पाए बिना आप कुछ हासिल नहीं कर सकते।’

—रॉबर्ट कॉलियर।

समस्याएँ, कठिनाइयाँ, अड़चनें, आघात—ये सब जीवन की सामान्य प्रक्रियाएँ हैं। चाहे आपके निजी जीवन का मामला हो या नौकरी अथवा कारोबार हो। खासकर जब आप किसी नए लक्ष्य या अभियान की ओर कूच कर रहे हैं तो ऐसी-ऐसी चुनौतियों और अड़चनों का सामना करना पड़ सकता है, जो आपने पहले नहीं सोची हों। ऐसी भी समस्याएँ आ सकती हैं, जो टाली नहीं जा सकतीं—अवश्यंभावी है। इसमें सबसे ज्यादा जो बात मायने रखती है, वह है—इससे उबरने की आपकी क्षमता और योग्यता। समस्याओं और बाधाओं पर काबू पाने में आपकी सक्षमता पर ही आपकी सफलता निर्भर है।

एक आकलन के मुताबिक आज का औसत व्यक्ति हर दो या तीन महीने के अंतराल पर एक संकट का सामना करता है। यह व्यवसाय संकट, वित्तीय संकट, पारिवारिक संकट, शारीरिक या व्यक्तिगत—किसी भी तरह का हो सकता है। इसका मतलब हर एक व्यक्ति (स्वयं समेत), जिसे आप जानते हैं, वह या तो संकट में है या उससे उबरा है अथवा उससे उबरने के प्रयास में जुटा है।

संकट या समस्या पहले से कहकर नहीं आती। आप इसकी भविष्यवाणी भी नहीं कर सकते। आप सिर्फ इतना ही कर सकते हैं कि जब संकट खड़ा हो तो उसका सामना करें और उससे प्रभावी तरीके से छुटकारा पाएँ।

नेतृत्व क्षमता

स्टेनफोर्ड यूनिवर्सिटी के शोधकर्ताओं ने 'फॉर्च्यून' 1000 कंपनी समूह के सैकड़ों अध्यक्षों और मुख्य कार्यकारी अधिकारियों (सी.ई.ओ.) की वार्षिक उपलब्धियों का अध्ययन सर्वेक्षण किया। यह कंपनी दुनिया के सफलतम एग्जीक्यूटिव के लिए जानी जाती है। इसमें काम करनेवाले विशेषज्ञों ने उपलब्धियाँ हासिल करके उन सुझावों और नसीहतों को सही साबित करके दिखा दिया है, जो सफल कंपनी निदेशक सेमिनारों में दिया करते हैं।

अध्ययन से पता चला कि इन तमाम सी.ई.ओ. में दो गुण समान रूप से विद्यमान हैं। पहला, टीम के सदस्य के रूप में अच्छा काम करने की क्षमता। जब उन लोगों ने काम शुरू किया तो जिस काम के साथ जुड़े, उसके साथ मिलकर कंपनी में उल्लेखनीय योगदान दिया। आगे बढ़ते-बढ़ते जब वे लोग कंपनी के सी.ई.ओ. पद तक पहुँचे तो उन्हें किसी भी टीम के कामकाज का मूल्यांकन करने में कोई दिक्कत नहीं हुई। उन लोगों ने कंपनी के तेज-तर्रार लोगों की उनके गुणों के आधार पर पहचान करके उन्हें

प्रोन्नत करने और साथ लेकर चलने की क्षमता का परिचय दिया। उससे कंपनी संभावित हुई। कंपनी संचालकों ने काबिल टीम के साथ मिलकर अपनी कंपनी के विभिन्न महत्त्वपूर्ण लक्ष्यों और दायित्वों को पूरा किया।

सर्वाधिक महत्त्वपूर्ण नेतृत्व का गुण

दूसरा बेहद महत्त्वपूर्ण गुण, जो इन सभी टॉप नेताओं में समान रूप से पाया गया, वह था संकट के समय भी अच्छा काम करने की क्षमता। हर क्षेत्र में इन टॉप नेताओं ने अपने पूरे कॅरियर में किसी भी संकट से उबरने में अपनी प्रभावशाली क्षमता का प्रमाण दिया।

शोधकर्ताओं में कुछ और ही खोजकर निकाला—टीमवर्क तो सम्मेलनों में सिखाया जा सकता है, लेकिन संकट से उबरने की क्षमता सिखाने का कोई तरीका नहीं है। किसी भी बड़ी कंपनी का संचालक संकट से अच्छी तरह उबरने की कला किसी सेमिनार या वर्कशॉप में नहीं सीखता और यह कोई काल्पनिक चीज भी नहीं है कि किसी को बताया जाए कि वैसी स्थिति में क्या भूमिका होनी चाहिए।

संकट से जूझने की क्षमता सिर्फ उसी समय सीखी जा सकती है, जब वास्तविक संकट सामने आए—ऐसा संकट, जो असंभावित हो और जैसा आप पहले सोच नहीं सकते हों। सही नेतृत्वकर्ता वैसे ही संकट के समय अपनी योग्यता का प्रदर्शन करता है।

जीवन इम्तहानों का सिलसिला है

समस्याएँ तो जीवन के इम्तहान हैं, जिन्हें पास करके ही आप आगे निकल सकते हैं। जीवन में आए दिन आनेवाले संकट ही वास्तव में आपकी सक्षमता और प्रौढ़ता का इम्तहान हैं। वही आपके चरित्र की तराजू हैं। ऐसे क्षणों में आप कितनी हिम्मत, धैर्य, समझदारी और दूरदृष्टि से काम लेते हैं, उसका संकेत आपकी परीक्षाओं से मिल जाता है।

जैसा कि एपीक्टेटस ने कहा है—'परिस्थितियाँ मनुष्य को नहीं बनाती हैं, बल्कि उसका स्वयं से परिचय कराती हैं।'

नेतृत्वकर्ता के रूप में संकट के समय हर कोई देखता है कि कैसे आप विचलित होते हैं। हर व्यक्ति तराजू और जज है। उस समय आपकी भूमिका के आधार पर आगे निकलने या पीछे जाने का आकलन लोग करेंगे। संकट जीवन का बड़ा 'क्रंच टाइम' है।

संकट के समय नेता कैसे काम करते हैं

कई बड़ी-बड़ी कंपनियों के अध्यक्षों और सी.ई.ओ. के साथ मैंने वर्षों तक काम किया है। मैंने करोड़पतियों, अरबपतियों और खरबपतियों के साथ कोचिंग की है, काउंसिलिंग की है तथा परामर्श दिया है। मैंने उनके काम को बहुत करीब और बारीकी से देखा है।

उनके अंदर समान रूप से पाया जानेवाला एक गुण मैंने जो देखा, वह यह है कि जब भी कोई बड़ा संकट उनके सामने आया, वे हमेशा शांत और सहज रहे। जरा भी विचलित हुए बिना बिल्कुल ठंडे दिमाग से उस पर सोचा। पहले स्वयं को काबू में और नियंत्रण में रखा, फिर स्थिर और शांत भाव से संकट पर भी काबू पाने में सफल रहे।

जिन टॉप नेतृत्वकर्ताओं की मैं बात करता हूँ, उन्हें कभी क्रोधित या उत्तेजित होते नहीं देखा। वे कभी संकट देखकर बौखलाते भी नहीं; बल्कि ठीक इसके विपरीत होता है। वे अति विनम्र और व्यावहारिक हो जाते हैं। वे मुसकराते हुए झुककर इस अंदाज में बोलते हैं—'प्लीज', 'शुक्रिया'। प्रेम से सामान्य लहजे में सबसे बात करके सूचनाएँ और तथ्य एकत्र करते हैं, सबकी सुनने के बाद खुद बोलते हैं।

तथ्य जुटाएँ

150 कंपनियों के समूह—आई.टी. एंड टी. (IT&T) के पूर्व

अध्यक्ष हेरॉल्ड गेनीन ने कभी कहा था कि किसी भी कारोबार की समस्या से जूझने में सबसे महत्त्वपूर्ण कदम यह है कि तथ्य जुटाना है। उनका कहना था—पहले सारे तथ्य जुटाएँ, प्राप्त करें। वे तथ्य काल्पनिक या अनुमानित नहीं, वास्तविक और आँखों देखे हों। तब तक पुरजोर प्रयास करते रहें, जब तक कि लक्ष्य हासिल न हो जाए। तथ्य झूठ नहीं बोलते।

'जनरल इलेक्ट्रिक' के पूर्व सी.ई.ओ. जैक वेल्श के सामने जब भी समस्या आती, वे सबसे पहले सवाल करते—'वास्तविक समस्या क्या है ?' उसने इस बात पर बल दिया कि स्थिति के पीछे वास्तविक सत्य है क्या ?

इन नेतृत्वकर्ताओं ने पाया कि संकट से संबंधित जितनी सूचनाएँ और तथ्य जुटेंगे, समाधान निकालने में उतनी ही सहूलियत होगी। इससे समस्या की जड़ का गहराई से पता चलता है।

सबसे महत्त्वपूर्ण काम

कौन सा सबसे महत्त्वपूर्ण काम आपको करना है ? इस सवाल का जवाब है—'सोचना'। आपकी जीवन धारा का बहाव आपकी स्पष्ट सोच और निर्णय लेने की क्षमता तय करती है। जो अच्छा खोजते हैं, वे अच्छे निष्कर्ष पर पहुँचते हैं। उनका काम भी अच्छा होता है और उन्हें परिणाम भी अच्छा मिलता है। जो लोग किसी भी स्थिति में खूब सोच-समझकर फैसला नहीं लेते, उनका काम गलत हो जाता है। निर्णय सही नहीं होने के कारण पछताना पड़ता है।

आपके जीवन का और काम का सबसे कीमती हुनर है—धैर्यपूर्वक स्पष्ट सोचने की क्षमता। इसका आपके निर्णय पर असर पड़ता है। सोचें कि आप अपने सलाहकार खुद हैं और आपने स्वयं ही संकट के सभी पहलुओं पर विचार करके अपने लिए सिफारिशें की हैं। सूचनाएँ एकत्रित करते समय भावनाओं में न बहें। समस्या को पूरी तरह समझकर ही निर्णय लें।

एक कदम आगे सोचें

एक महत्त्वपूर्ण सोच हुनर, जो आप अपने अंदर विकसित कर सकते हैं, वह ये है कि पहले से ही एक कदम आगे बढ़कर सोचें। इस हुनर का अभ्यास करने के लिए भविष्य के बारे में सोचें और मन-ही-मन खाका तैयार करें कि क्या-क्या गलत हो सकता है? खराब-से-खराब क्या होगा? कौन सी बात आपकी योजना को पटरी से उतारकर लक्ष्य हासिल करने की आपकी क्षमता के विकास में बाधक बन सकती है?

संभावित समस्याओं और संकटों की सूची बनाएँ। 3 प्रतिशतवाला नियम लागू करें—यदि किसी गंभीर समस्या की 3 प्रतिशत संभावना है, तब भी इसे सूची में लिखें। सोचें कि यदि ऐसा हो गया तो क्या होगा? आप इससे कैसे पेश आएँगे?

दुनिया की बड़ी तेल कंपनियों में से एक रॉयल डच शेल दृश्य योजना के लिए मशहूर है। इसके पास गैस और तेल के फील्ड हैं, पंपिंग स्टेशन हैं, पाइपलाइन हैं, जहाज हैं, रिफाइनरी हैं तथा गैस स्टेशन हैं—जो दुनिया भर में फैले हैं। इस कंपनी ने किसी भी संभावित या असंभावित संकट का सामना करने के लिए 600 से ज्यादा ऐसे दृश्य बना रखे हैं, जिससे अंदाजा लग जाता है।

परिणामस्वरूप अगर कजाकिस्तान में कोई पाइपलाइन काम करना बंद कर दे, नाइजीरिया में गृह-युद्ध हुआ, अलास्का में तेल प्रदूषित हुआ तो इन तमाम स्थितियों के समय क्या करना चाहिए, इसकी विस्तृत योजना पहले से ही लिखकर रखी हुई है। उसी आधार पर कंपनी के अधिकारी तत्काल एक्शन में आ जाते हैं। अगर योजना के दायरे से बाहर उससे बड़ा संकट होता है तो पहले से सतर्क रहने के कारण नुकसान कम होता है।

इसी तरह से आप भी अपने भविष्य की परियोजना सोचकर उसका एक दृश्य अपने लिए पहले से तैयार रख सकते हैं। उसमें उन स्थितियों

के तात्कालिक निदान का खाका हो, जो आपके लक्ष्य के रास्ते में बाधक बन सकती हैं।

जीत की कुंजी

नेपोलियन बोनापार्ट अपनी इस क्षमता के लिए मशहूर था कि युद्ध के दौरान मैदान में क्या होगा, इसका अनुमान वह पहले से ही लगा लेता था। अपने जनरलों को वह पहले ही उससे आगाह करके और उनकी मुस्तैदी का निरीक्षण करके संभावित स्थिति का मुकाबला करने की तैयारी कर लेता था। नेपोलियन युद्ध-स्थल और उसके आसपास की जमीन का मुआयना करके उसके मुताबिक सैनिक टुकड़ियों और पैदल सेना की तैनाती करता था। उसके बाद जहाँ कहीं भी संभव होता था, वह शत्रु सेना को ललकारता था कि वे अपनी पसंद से ही युद्ध के मैदान के जिस कोने से चाहें, मुकाबला कर लें।

आज हम उस जनरल को याद कर रहे हैं, जो वाटरलू के मैदान में हारा। वह सन् 1813 में जर्मनी में लिपजिंग की भी लड़ाई हारा। 1812 में रूस पर हमले में भी उसे असफलता मिली। लेकिन जो बात प्राय: भुला दी जाती है, वह यह है कि उसी नेपोलियन ने सन् 1793 से 1815 के बीच सैकड़ों युद्धों में फ्रांस की सेना की कमान सँभाली। समूचे यूरोप में लड़ी गई लगभग सारी लड़ाइयाँ नेपोलियन ने जीतीं और अपने से ज यादा शक्तिशाली लोगों को हराया।

संकट के बारे में पूर्वानुमान और किसी असंभावित स्थिति से निबटने की पूर्व तैयारी—नेपोलियन की यह क्षमता शत्रु सेना के जनरलों को सोचने पर मजबूर कर देती थी। यह क्षमता नेपोलियन को इतना सतर्क और चौकस रखती थी कि कभी भी फायरिंग शुरू हो जोने पर भी कोई चिंता, कोई तनाव नहीं। तैयारी पहले से की हुई रहती थी। नेपोलियन के पास पहले से ही सारी स्थिति का आकलन रहता था।

आपको अपनी सोच को इस पर केंद्रित रखना है कि आगे आनेवाली क्या-क्या चुनौतियाँ व समस्याएँ आपके सामने हैं और कैसे आत्मविश्वास के साथ शांत तथा धैर्यपूर्ण ढंग से आप उसका सामना करेंगे। जैसे गरमी के बाद वसंत ऋतु आती है, ऐसे ही जीवन में छोटी-बड़ी समस्याएँ तथा संकट आते रहते हैं।

त्रुटि-सुधार करते चलें

यह सफलता के वास्तविक रहस्य का सबसे महत्त्वपूर्ण हिस्सा है। मैं पहले कह चुका हूँ कि विमान का उड़ना और नीचे उतरना 99 प्रतिशत सही समय से होता है। एक जगह से दूसरी जगह प्रत्येक उड़ान में लगातार त्रुटियाँ सुधारने का काम चलता रहता है, ताकि हवा में उड़ते समय कोई गड़बड़ी न आने पाए। विमान गंतव्य की ओर बढ़ता रहे।

आपको जीवन के हर क्षेत्र में भी उसी तरह भूल-सुधार करते रहना है। हर रोज हर घंटे असंभावित घटनाओं और परिस्थितियों से निबटने के लिए आपको छोटे-बड़े परिवर्तन लाने होंगे। त्रुटि-सुधार क्षमता की बदौलत आप तत्काल अपनी भूल सुधार लेंगे। यह अकेला कारक किसी भी अन्य बातों से ज्यादा आपको सफलता दिलाने में मददगार होगा।

आराम-तलब जिंदगी से बाहर आएँ

असफलता की आशंका के कारण अधिकांश लोग बदलाव नहीं लाना चाहते। अगर परिवर्तन उनके हित में हो तो भी वे उससे डरते हैं; क्योंकि इनर्शिया नियम के मुताबिक—'गतिशील पदार्थ तब तक उसी अवस्था में रहेगा, जब तक कोई बाहरी शक्ति उसमें हलचल पैदा न करे।' लोग दिन-प्रतिदिन, साल-दर-साल एक जैसे कार्य करते रहते हैं तथा इसके पीछे वजह यही है कि उन्हें किसी खास तरीके से कार्य करने में सुविधाजनक प्रतीत होता है।

हेरॉल्ड गेनीन ने कहा है—'एक्जीक्यूटिव की सबसे बड़ी समस्या शराब या काम में डूबे रहना नहीं है बल्कि उनका अहं है।'

कई लोग गलत से नफरत करते हैं। यह जानते हुए भी कि वे गलत हैं इसे मानने को तैयार नहीं होते। उनका अहं उन्हें उतना लचीला नहीं बनने देता। उनकी मानसिक स्थिति ऐसी हो जाती है कि यह स्वीकार करने में उनसे गलती हो गई है। गलती पकड़े जाने पर भी उन्हें झेंप महसूस नहीं होती और उलटे इसके लिए भी वे दूसरे को दोषी ठहराते हैं। वे गलती सुधारने से इनकार कर देते हैं।

निरंतर चलता रहता है

तेजी से बदल रहे इस परिवर्तन के युग में आपाधापी की स्थिति है। इसमें अमेरिकी प्रबंधन संस्थान के एक आकलन के अनुसार, आपके 70 प्रतिशत गलत होने की संभावना होती है। उस हिसाब से टेक्नोलॉजी एडवांस हो जाएगी। आपको ऐसी प्रतियोगिता/प्रतिस्पर्धा का सामना करना पड़ेगा, जिसकी संभावना आपने पहले से नहीं सोची होगी। अच्छी योजना और बेहतर प्रबंधन के बावजूद कुछ ऐसी-वैसी घटनाएँ हो जाएँगी, जिससे आपकी योजना धरी-की-धरी रह जाएगी।

ऐसा संभव है कि शुक्रवार की शाम तक आप पूरे हफ्ते के कार्यक्रम का शिड्यूल तैयार कर लें, एक-एक काम की रूपरेखा बना लें और सोमवार को बाजार का रुख बदल गया। उस हिसाब से अपनी योजना में बदलाव लाना ही होगा। पता चला कि न्यूयॉर्क में वर्ल्ड ट्रेड सेंटर पर आतंकी हमला (9/11) या और कोई उससे छोटा ही सही, हमला हो गया और आपके प्रतियोगी ने कीमतें घटा दीं। आपको अपनी योजना में परिवर्तन लाना होगा।

इसी वजह से अपने गंतव्य की ओर बढ़ते हुए तूफानों, हेडविंड तथा बिजली गिरने जैसी कठिनाइयों से कारगर ढंग से निपटने के लिए

'लचीलापन' अनिवार्य गुण है। आपको फीडबैक स्वीकार करके आत्म-सुधार करना होगा। आपको 'कौन सही है', इसकी बजाय 'क्या ऐसी है', इस पर ध्यान देना चाहिए।

कुछ लोग सोचते हैं कि गलतियाँ मानना और अपनी दिशा बदलना कमजोरी तथा अक्षमता का संकेत है। लेकिन इस परिवर्तन के युग में यह स्वीकार करें कि आप सही रास्ते पर नहीं रहे हैं और कहीं-न-कहीं गलत हैं तथा नई सूचनाओं एवं जानकारियों के हिसाब से आपको अपनी नीतियाँ बदलनी हैं। आप वास्तव में देखा जाए तो ज्यादा मजबूती और दिलेरी का परिचय दे रहे हैं। कमजोर लोग हमेशा अपनी कमजोरियों को ढँकने की और गलतियों पर परदा डालने की कोशिश करते हैं। लेकिन मजबूत लोग पूरे साहस के साथ इसे स्वीकारते हैं और उसमें सुधार लाकर अपनी नीति बदल लेते हैं।

अपने दिमाग को 'शून्य-आधारित सोच अर्थात् निरपेक्ष रहने' के अभ्यास के प्रति हमेशा खुला रखें। अपने आपसे सवाल करें कि जो नई जानकारी मिल रही है, उसके हिसाब से यदि मैं ऐसा नहीं कर रहा था, तब अब यह जानकर क्या मैं आज इसकी शुरुआत कर सकता हूँ? यदि आपका जवाब 'न' है तो तत्काल आवश्यक सुधार करें। हमेशा याद रखें—अपना लक्ष्य स्पष्ट और रुख में लचीलापन रखें।

अपने मन पर काबू रखें

कोई अपरिहार्य संकट आने पर उसका सामना करने के लिए अपने मन को काबू में रखें। इससे आपको स्थिति को नियंत्रण में करने में सहूलियत हो जाएगी। अपने आपसे और अन्य लोगों से यह महत्त्वपूर्ण सवाल पूछें—

1. हम क्या करने की कोशिश कर रहे हैं?
2. हम कैसे कोशिश कर रहे हैं?

3. क्या यह सही रास्ता है?
4. हम क्या अनुमान लगा रहे हैं?
5. अगर हमारा अनुमान गलत निकला तो क्या होगा?
6. इन सवालों के जवाबों के आधार पर हमें तत्काल कौन-कौन से कदम उठाने चाहिए?
7. हमारा पहला कदम कौन सा होना चाहिए?

पहले तथ्यों को समस्याओं से अलग करें। तथ्य प्राय: निश्चित होते हैं। वे न बदलते हैं, न ही चलायमान होते हैं। ये एक प्रकार से अतीत की घटनाओं जैसे हैं, जो आपके चाहने से बदल नहीं सकते और उस पर आपका कोई नियंत्रण नहीं हो सकता—मौसम की तरह।

दूसरी ओर, समस्या ऐसी चीज है, जो आप सुलझा सकते हैं। आप उस बाबत कुछ कर सकते हैं। उसका कुछ-न-कुछ हल निकालने के लिए आप अपना दिमाग लगा सकते हैं।

इसका नियम सीधा और सरल है? इस बात से जरा भी उत्तेजित या बेचैन न हों कि यह ऐसा कुछ है, जो आप बदल नहीं सकते। जिन चुनौतियों का मुकाबला आप कर सकते हैं, उसे न टालकर अपने भविष्य की ऊर्जा बचाएँ।

लचीला कैसे बने रहें

किसी भी स्थिति का सामना करने की क्षमता अपने अंदर विकसित करने और अपने दिमाग को खुला रखने के लिए आप तीन वक्तव्यों का नियमित आधार बना सकते हैं। समस्याओं और अड़चनों के समय अगर आप ऐसे तीन वक्तव्य बनाने तथा उसका अनुसरण करने की आदत विकसित करें तो आपके लिए त्रुटि-सुधार आसान हो जाएगा। यह आपके लक्ष्य तक पहुँचने के लिए आवश्यक है। ये तीन वक्तव्य इस प्रकार हैं—

1. अगर आप निर्णय लें और कोई नई परिस्थिति या जानकारी

सामने आ जाए, जिससे लगे कि आपका निर्णय गलत है तो न डरें, न झिझकें, बल्कि दृढता से स्वीकारें—'हाँ, मैं गलत था।'

ज्यों ही आपने स्वीकारा कि आप गलत हैं, स्थिति बदल जाएगी। अगले मिनट की ऊर्जा उस गलत को सही ठहराने या उसके गलत-सही पर विचार करने में बरबाद नहीं होगी। सरलता और सहजता से स्वीकारें कि—'हाँ, मैं गलत था' और उसके बाद तत्काल नई सूचना के आधार पर मूल सुधार में जुट जाएँ।

2. दूसरा वक्तव्य आप यह बना सकते हैं कि—'मैंने गलती की।' चूँकि 70 प्रतिशत निर्णय आपके गलत साबित हो सकते हैं, इसलिए यह संभव है कि आपका संपूर्ण जीवन छोटी-बड़ी गलतियों से ही भर जाए। अगर आप स्वेच्छा से मान लें कि आपका निर्णय सही नहीं है तो स्थिति बदल जाएगी। फिर अपने आप नई जानकारी के अनुकूल निर्णय बदलेंगे। फिर आपका फोकस समस्या के हल पर होगा और आपका समय इस समीक्षा में नष्ट नहीं होगा कि निर्णय गलत हुआ या सही।
3. तीसरा वक्तव्य आप यह बना सकते हैं—'मैंने अपनी सोच बदल ली है।' पूरे जीवन में आप तात्कालिक परिस्थिति और माहौल के मुताबिक जो भी निर्णय ले रहे हैं, वह इस पर निर्भर है कि कैसे दिमाग से आप सोचते हैं और कैसा उस समय अनुभव करते हैं। लेकिन कुछ घंटे और कुछ दिनों बाद स्थिति बदली हुई पा सकते हैं। आपको ऐसा महसूस हो सकता है कि वह निर्णय सही नहीं था। अगर आप अपने अंदर यह जज्बा पैदा करें कि आपने अपनी सोच बदल दी है और नए सिरे से सोच रहे हैं तो फिर खेल ही खत्म है।

चयन के लिए स्वतंत्र

मेरे माता-पिताजी सोचने के मामले में अड़ियल स्वभाव के थे। अगर एक बार कोई बात तय कर ली तो फिर उससे पीछे नहीं हटेंगे। इसका परिणाम यह हुआ कि हमारा बचपन बड़ी हताशा और असामान्य अवस्था से होकर गुजरा। अगर वे गलत होते थे, तब भी यह मानने को तैयार नहीं होते थे, क्योंकि उनका माँ-बाप होने का अहं उन्हें मानने से रोकता था।

मैं जब बच्चों का पिता बना तो इस व्यवहार के विपरीत मैंने निर्णय लिये। अपने बच्चों को मैंने बचपन में ही कहा, 'तुम लोग हमेशा अपनी सोच और दिमाग बदलने के लिए स्वतंत्र हो।' मैंने कभी उन्हें यह कमी महसूस नहीं होने दी कि उन लोगों ने वैसा कोई वक्तव्य बनाया है या नहीं, जिसका ऊपर जिक्र किया गया है या अपने अनिश्चित भविष्य के लिए ऐसी कोई सोच उन्होंने विकसित की है या नहीं।

मेरी पुत्री क्रिस्टीना, जो अब बड़ी हो गई है और शादीशुदा है, उसने यह सलाह मेरे साथ बार-बार दोहराई है—'आप अपनी सोच बदलने और अपने दिमाग से कुछ भी पसंद करने को स्वतंत्र हैं।' उसका कहना है कि 'यह सलाह मुक्ति का सबसे उत्तम मार्ग है, जो मैंने आज तक सीखा है।' क्रिस्टीना ने हर एक को यह बात सिखाई है। आप भी अपने लिए इसका अभ्यास कर सकते हैं।

लक्ष्य समेत कुछ भी हासिल करने के रास्ते का सबसे महत्त्वपूर्ण बिंदु यही है कि बीच में ही गलतियाँ सुधारते हुए आगे बढ़ें। आपका मन बदल सकता है, आपकी सोच बदल सकती है।

□

8

प्रगति और सीखने की गति तेज करें

'दिल से देखने पर ही कोई चीज सही दिखाई दे सकती है। जो आवश्यक है, वह बाहरी आँखों से नजर नहीं आती।'

—एंटनी डी सेंट एग्जुपेरी

आपकी सबसे कीमती वित्तीय धरोहर क्या है? न आपका घर है, न निवेश है, न ही आपका बैंक खाता है। कीमती धरोहर है आपकी अर्जन क्षमता। यही सबसे ज्यादा मूल्यवान है। आज के पैमाने के मुताबिक वित्तीय क्षमता विकसित करने में आपकी पूरी उम्र लग जाती है। आपकी मौजूदा कमाई-क्षमता एक ही साथ आपके ज्ञान, हुनर, अनुभव, बैकग्राउंड, व्यक्तित्व, चरित्र के अलावा विचार-व्यवहार, साहस और आत्म-अनुशासन का सम्मिश्रण है। अर्जित करने की अपनी क्षमता का उचित इस्तेमाल करके आप दसियों हजार डॉलर सालाना कमा सकते हैं।

अपना मकान, अपनी कार, पैसा और तमाम उपयोग की वस्तुएँ आप गँवा सकते हैं। लेकिन जब तक अर्जन की क्षमता आपके अंदर बरकरार है, आप बाजार में घूमकर फिर से सबकुछ वापस पा सकते हैं।

असीमित धरोहर

आपकी अर्जन-क्षमता अदृश्य और असीमित है। इसका आकलन और इसकी सीमा मापना कठिन है। एक ही आइ क्यू (IQ) और श्रेणीवाले दो व्यक्ति एक ही कॉलेज से एक ही शिक्षा हासिल करके एक साथ काम भी शुरू करते हैं। दस साल के बाद उनमें से एक अपने साथी के मुकाबले पाँच से दस गुना ज्यादा कमाई करने लग जाता है। उसे कई बार प्रोन्नति मिल जाती है। ऐसा क्यों होता है ?

इसका स्पष्टीकरण सरल है। आपकी अर्जन-क्षमता आलोचना के लायक या प्रशंसा के लायक हो सकती है। यह आप पर निर्भर है। समय के साथ आपकी अर्जन-क्षमता आपकी कीमत बढ़ा भी सकती है, घटा भी सकती है।

समय बीतता है तो आपकी आकलन योग्य धरोहर ज्यादा मूल्यवान हो जाती है। जो कुछ आपने जीवन भर सीखा है, उसकी बदौलत आप अपना ज्ञान और हुनर लगातार बढ़ाकर अपनी अर्जन-क्षमता विकसित करते रह सकते हैं। उसका मूल्यांकन होगा। जब आपका मूल्य ज्यादा होगा तो कमाई ज्यादा होगी। कारण और प्रभाव नियम के मुताबिक जैसे-जैसे आपकी अर्जन-क्षमता विकसित होगी, बाजार प्रतियोगिता के हिसाब से आपके योगदान की भी कीमत बढ़ती जाएगी।

सबसे ज्यादा भुगतानवाली बुद्धि

हार्वर्ड यूनिवर्सिटी के होवार्ड गार्डनर के मुताबिक, हमारे समाज में सबसे ज्यादा बुद्धि के लिए भुगतान किया है। 'सामाजिक बुद्धि' आपकी सामाजिक स्थिति को सुदृढ करती है। इसी बौद्धिक क्षमता की बदौलत आप दूसरे लोगों से बात करते हैं, संपर्क स्थापित करते हैं, अपने उत्पादों को और स्वयं को बाजार में रखते हैं।

जीवन का कोई भी मूल्यवान लक्ष्य हासिल करने के लिए आपको

ज्यादा-से-ज्यादा लोगों से मदद लेनी होगी, उनसे समन्वय स्थापित करना होगा। आपके अंदर मौजूद किसी क्षमता की कीमत तभी है, जब आप अन्य लोगों से जुड़ें और उन्हें भी अपने साथ जोड़ें।

हो सकता है, आप अपने व्यवसाय और अपने उत्पाद बाजार में खपाने के लिए स्वयं को सक्षम महसूस न करें। यह भी संभव है कि आप बाजार में खुद को और अपने सामानों को प्रस्तुत करने के लिए वैसे ग्राहकों को पटाने में दिक्कत महसूस करें, जो पहले से इस्तेमाल कर रहे उत्पाद का विकल्प स्वीकारने में आनाकानी करते हैं।

आप अपने एक्सीलेटर को दबाएँ

अपना ज्ञान और हुनर बढ़ाना इंजिन में हाई-ओक्टेन तेल इस्तेमाल करने जैसा है, जो गंतव्य पथ पर जरूरी है। नए हुनर सीखना, नई जानकारी हासिल करना वैसा ही है जैसे आप अपना एक्सीलेटर स्वयं दबाएँ। ज यादा कमाई के लिए ज्यादा हुनर सीखना होगा। बास्केट बॉल के मशहूर कोच पैट राइली ने कहा है, 'अगर आप बेहतर की ओर नहीं बढ़ रहे हैं तो इसका मतलब खराब प्रदर्शन करते जा रहे हैं।'

दुर्भाग्यवश अधिकांश लोगों की अर्जन-क्षमता या तो स्थायी है या खराब और पीछे की ओर जा रही है।

उनकी योगदान क्षमता मुद्रास्फीति (इन्फ्लेशन) की तरह 3 प्रतिशत सालाना से ज्यादा नहीं बढ़ रही है। इसलिए अधिकांश लोग सिर्फ नौकरी करते हैं।

हमारे समाज के टॉप 20 प्रतिशत लोग अपनी आय-क्षमता लगातार बढ़ाकर उल्लेखनीय योगदान कर रहे हैं। अपनी कंपनी और अपने अधीनस्थों के लिए योगदान-क्षमता बढ़ाने के लिए वे अच्छी किताबें पढ़ते हैं, अच्छी शैक्षणिक सी.डी. देखते हैं तथा अन्य अतिरिक्त जानकारी हासिल

करते रहते हैं। वे लगातार कुछ-न-कुछ नया सीखने की ओर तत्पर रहते हैं; क्योंकि वे जानते हैं, उनका भविष्य इसी पर निर्भर है।

जो पाठ सीखा, उसे लिख डालें

मेरे एक मित्र ने बीस वर्ष की आयु में मार्केटिंग कारोबार शुरू किया। उसने दो वर्षों तक बारह घंटा रोज और हफ्ते में सातों दिन काम किया, इसके बावजूद उसका व्यवसाय नहीं चला और वह सबकुछ खो बैठा। फिर उसने कुछ वैसा किया, जिससे उसकी किस्मत बदल गई। वह एक स्पाइरल नोट-बुक लेकर बैठ गया और प्रत्येक पृष्ठ के ऊपर उसने सिलसिलेवार तरीके से सवालों की सूची दर्ज की। वे सवाल इस प्रकार थे—

1. इस अनुभव से कारोबार के विषय में मैंने क्या सामान्य जानकारी हासिल की?
2. अपना कारोबार डूबने के कारण ग्राहकों और बाजार से हमने क्या सीख ली?
3. इस कटु अनुभव से लोगों के बारे में और कर्मचारियों के विषय में क्या सीखा?
4. अपने पार्टनर और कारोबार सहयोगियों के संबंध में इससे हमने क्या सीखा?
5. पैसा, बैंकिंग और वित्त से हमने क्या सीखा?
6. अपनी कमजोरियों और क्षमताओं के बारे में क्या सीखा?
7. इस अनुभव से उत्पादन और अपने उत्पाद वितरण एवं सेवाओं से हमने क्या सीखा?

उसके बाद उसने अपने दिमाग और बुद्धि का भरपूर इस्तेमाल करके इन तमाम सवालों का पूरे-पूरे पृष्ठ का जवाब लिखा। वह स्पेशल नोटबुक उसके अगले व्यवसाय के लिए हैंडबुक बन गई। जब भी उसे कोई अड़चन या समस्या महसूस होती, वह तुरंत अपनी स्पाइरल नोट

बुक का उससे संबंधित पृष्ठ निकालकर देख लेता कि अपने अतीत की गलतियों या असफलताओं से उसने क्या सीखा।

समय बीतता गया और पैंतीस वर्ष की उम्र में वह करोड़पति बन गया। चालीस तक पहुँचते-पहुँचते वह अरबपति हो गया। पचास की उम्र का हो जाने पर उसने अवकाश ग्रहण कर लिया और अब पाम स्प्रिंग्स गोल्फ कोर्स में एक सुंदर मकान बनाकर रह रहा है।

व्यक्तिगत कुशाग्रता हासिल करना

आपके सभी अदृश्य और अस्पृश्य धरोहरों में कदाचित् सबसे महत्त्वपूर्ण है आपकी व्यक्तिगत कुशाग्रता। अपनी कंपनी या कारोबार में निजी प्रतिभा और कुशाग्रता ऐसी मूल्यवान संपत्ति है, जो जीवन भर काम आती है। अगर एक बार आप सफलता के चरम शिखर पर पहुँच गए तो बाजार में आपकी कीमत बढ़ जाएगी। अपने आस-पड़ोस के सारे लोग आपकी इज्जत करने लगेंगे। अपनी पसंद की शान-शौकतवाली जिंदगी आप जिएँगे।

कुछ ही दिन पहले एक सज्जन लॉस वेगास के सेमिनार में हमारे पास आए। उन्होंने कहा, 'चार साल पूर्व इसी कंपनी के एक सेमिनार में आपने हम लोगों से कहा था कि अगर हमारे पास स्पष्ट व निश्चित लक्ष्य लिखा हुआ है और हम हुनर बेहतर बनाने के लिए लगातार काम करते रहें तथा उसे कभी न छोड़ें तो हम अपनी आय दोगुना बढ़ा सकते हैं।' उन्होंने आगे कहा, 'आपके पास लंबी दूरी की सोच है। हमने आपके निर्देशों का अक्षरशः पालन किया। मैं पिछले चार वर्षों से दिन-रात काम कर रहा हूँ। मैंने न केवल अपनी आय दोगुना की, बल्कि दस गुना बढ़ा ली। यहाँ तक कि कठिन समय में भी मैं सोचता रहा कि कैसे पैसे कमा पाऊँगा। फिर भी लगातार काम करता रहा और अपना सारा समय बेहतर—और बेहतर हासिल करने में लगाया। आज मैं सफल हूँ।'

बौद्धिक संपदा का निर्माण करें

हर व्यक्ति चाहे तो तीन प्रकार की बौद्धिक पूँजी बना सकता है। इसके लिए अध्ययन का निवेश और कठिन मेहनत की जरूरत है। इसका प्रतिफल आपको उच्च आय के रूप में जीवन भर मिलेगा।

पहले प्रकार की बौद्धिक पूँजी जो आप हासिल कर सकते हैं, वह है आपका स्व-अर्जित ज्ञान, हुनर और योग्यता। यह शिक्षा, प्रशिक्षण और अनुभव से प्राप्त होता है। आप अपनी नौकरी में या व्यवसाय में कैसा काम करते हैं और आपके योगदान की क्या कीमत है, इसी बौद्धिक पूँजी से मूल्यांकन होता है। उसकी कोई सीमा नहीं है। आप जीवन भर उसमें उत्तरोत्तर वृद्धि कर सकते हैं। कभी-कभी एक ही हुनर की कुंजी घुमा देने से आपकी आय और योगदान का मूल्य दोगुना हो सकता है।

अपना आंतरिक ज्ञान बढ़ाएँ

दूसरे प्रकार की बौद्धिक पूँजी, जो आप हासिल कर सकते हैं, वह यह देखना है कि कैसे आपके व्यवसाय का आंतरिक कारोबार चलता है। खासकर इसका मूल्यांकन अपनी प्रतियोगी कंपनी के कामकाज से तुलना करके करें।

हर व्यवसाय की अपनी व्यवस्था है, प्रक्रिया है, तकनीक है और उत्पादों के मार्केटिंग से लेकर ग्राहकों तक माल पहुँचाने की अपनी अलग व्यवस्था है। हर व्यवस्था का अपना अलग सामाजिक और राजनीतिक ढाँचा है। उससे कारोबार की सामाजिक स्थिति, जिनके साथ काम करना है और जिनसे काम लेना है, उनके साथ संपर्कों और संबंधों का पैमाना तय होता है।

हर व्यवसाय की लेखा, प्रशासन और वित्तीय नियंत्रण की आंतरिक व्यवस्था होती है। किसी भी नए व्यक्ति को यह सारा कुछ सीखने और

जानने में काफी समय लगता है। फिर भी, किसी कंपनी के आंतरिक व्यापार स्टॉक का यह एक महत्त्वपूर्ण हिस्सा होता है। इस व्यवस्था की नस-नस जाननेवाला व्यक्ति ऐसी बौद्धिक पूँजी का धनी हो जाता है कि किसी भी कंपनी के लिए ऐसे व्यक्ति को हटाना कठिन हो जाता है।

मेरी एक एग्जीक्यूटिव सहायक जब मेरे पास आई और उसने वेतन बढ़ाने की माँग की तो मैं तत्काल समझ गया कि अगर मैंने उसे हटाया तो आगे मुझे उसका नुकसान उठाना पड़ सकता है; क्योंकि वह मेरे साथ पिछले 15 वर्षों से जुड़ी है। उसके जितनी बौद्धिक पूँजी हासिल करने में किसी नए व्यक्ति को महीनों एवं वर्षों लग सकते थे। मेरे व्यवसाय के सारे कामकाज को जानने, समझने, ग्राहकों, संपर्कों और कारोबार की सारी बारीकियाँ वह गहराई से जानती थी, जो उसने कई वर्षों की मेहनत तथा अध्ययन से सीखा था। हमारे लिए उसका वेतन बढ़ाना किसी नई नियुक्ति से ज्यादा फायदेमंद था और वेतन बढ़ाने से वह ज्यादा कीमती हो गई; क्योंकि अब वह पहले से अधिक परिश्रम और लगन से काम करने लगी।

परिणाम पाने की क्षमता बनाएँ

आपकी अर्जन-क्षमता का निर्धारक तत्त्व यह है कि प्रतियोगी बाजार में वित्तीय परिणाम हासिल करने का आपके पास कितना ज्ञान और कितनी समझ है। आपकी बौद्धिक पूँजी का तीसरा प्रकार यही है। इसमें यह भी शामिल है कि आप अपना माल और अपनी सेवा कैसे देते हैं तथा कैसे उसे बेचते हैं। इसमें आपका यह ज्ञान भी शामिल है कि ग्राहकों और आपूर्तिकर्ताओं के साथ आपके संपर्क कैसे हैं। इस ज्ञान से बैंकरों, वकीलों, एकाउंटेंटों और सरकारी अधिकारियों के साथ वार्त्ता में आपको आसानी होगी। इसे बनाने और हासिल करने में भी समय जरूर लगता है; मगर यह आपके संगठन के लिए बेहद मूल्यवान है।

आपकी पहली जवाबदेही यह बनती है कि अपनी अर्जन-क्षमता को उच्च स्तर तक विकसित करें। यह हासिल करने के लिए आप अपनी बौद्धिक पूँजी में निरंतर इजाफा करते रहें, अपनी नौकरी की गुणवत्ता बढ़ाएँ और अपने संगठन के लिए बेहतर वित्तीय परिणाम हासिल करके उसका मूल्यवान हिस्सा बने रहें।

आपकी कार्य-क्षमता और उसका प्रभाव

आपका पहला लक्ष्य स्वयं को मूल्यवान और ऐसा उपयोगी बनाना है, ताकि आपकी पूछ तथा खोज हो। एकाएक छलाँग लगाकर आप यह हासिल नहीं कर सकते हैं। इसके लिए थोड़े से शुरुआत करनी होगी। पहले थोड़ा करें, फिर कठिन की ओर बढ़ें; वहाँ थोड़ा ठहरें और परिणाम हासिल करके आगे निकलें। आप अपने समक्ष किसी से भी ज्यादा बेहतर परिणाम हासिल करने की स्थिति में आ जाएँगे और आपकी उपयोगिता हमेशा बरकरार रहेगी। कीमती योगदान करनेवाले के रूप में जैसे-जैसे आपकी छवि बनती जाएगी, सबका ध्यान अपनी ओर खींचने में आप सक्षम होंगे और उससे आगे बढ़ने में आपको सहूलियत होगी। आपका भुगतान बढ़ जाएगा और अपने कैरियर के हर क्षेत्र में आपको प्रोन्नति मिलती जाएगी—चाहे वह आपका अपना व्यवसाय हो या आप किसी दूसरे संगठन के लिए काम कर रहे हों।

तैयार मस्तिष्क का साथ देता है अवसर

अपनी सफलता को महानता तक पहुँचाने के लिए आप अपनी क्षमता अदृश्य प्रभावों से बेहतर बना सकते हैं। इसके लिए अखबार व पत्र-पत्रिकाएँ पढ़ें, अपने उद्योग संघों की वार्षिक बैठकों में हिस्सा लें, बड़े-बड़े विशेषज्ञों की रिपोर्ट पढ़ें, उनसे मिलते रहें।

संभावना के नियम के मुताबिक आप नहीं जान सकते कि कौन सा

विचार या अवसर क्लिक कर जाएगा और आपको ऐसे निर्णायक मोड़ पर पहुँचा सकता है, जहाँ आप वर्षों से पहुँचने की कोशिश कर रहे थे। इसके लिए यह आवश्यक है कि ज्यादा-से-ज्यादा जानकारी आपके पास हो। आप नए-नए विचारों से अवगत रहें। आँख, कान, मस्तिष्क खुला रखने से नई संभावनाओं और अवसरों के प्रति आप सचेत रह सकते हैं।

आपके क्षेत्र में 10 प्रतिशत टॉप

अपनी पसंद के कैरियर में जो वांछित सफलता आप हासिल करना चाहते हैं, उसके लिए जरूरी है कि आप स्वयं को अपने क्षेत्र के 10 प्रतिशत टॉप व्यक्तियों की सूची में लाने के प्रयास में जुट जाएँ। कई लोग इस विचार या सुझाव को सुनकर सन्न रह जाते हैं। जब मैंने जाना कि हमें महान् सफलता हासिल करनी है और मुझे अपने क्षेत्र के 10 प्रतिशत टॉप लोगों के बीच होना चाहिए तो मेरी पहली प्रतिक्रिया थी—निराशा और उत्साह का ठंडा पड़ना। बिक्री विभाग का काम मिलने से पहले कई वर्षों तक मुझे मजदूर के रूप में काम करना पड़ा। उस दौरान निराशा और हताशा ने मुझे बिल्कुल तोड़-सा दिया।

उसके बाद अचानक कुछ ऐसा हुआ, जिसने मेरी दुनिया बदल दी। जिन 10 प्रतिशत टॉप लोगों की बात मैं कर रहा हूँ, वे बिल्कुल नीचे के तबके के 10 प्रतिशत के बीच से उठकर टॉप तक पहुँचे हैं। हर कोई, जो आज सफलता के शिखर पर है, वह एक समय में बिल्कुल नीचे के पायदान पर था। एक जाने-माने विशेषज्ञ हार्व एकर बताते हैं—'आज का हर मास्टर कभी विपन्नता में रहा है।'

हर कोई नीचे से ही शुरू करता है

जरा सोचिए। आपके महकमे का जो व्यक्ति टॉप पर है, वह कभी आपके क्षेत्र में था भी नहीं और यह भी नहीं जानता था कि यह सब क्या

होता है। वे आज टॉप पर हैं और औसत से कई गुना ज्यादा कमाई कर रहे हैं। लेकिन साथ में यह भी सही है कि उनकी सूची में आप स्वयं को भी देख सकते हैं। इसके लिए आपको वैसी सोच और मानसिकता बनानी होगी।

आपसे बेहतर कोई नहीं है और आपसे अधिक स्मार्ट भी कोई नहीं है। आपके पास इतनी प्रतिभा, क्षमता और बुद्धि है, जिसका उपयोग आप अपने जीवन में सैकड़ों बार कर सकते हैं। कारण और प्रभाव नियम पर चलकर सफल व्यक्तियों की तरह अगर आप सीखने तथा करने की प्रैक्टिस अपना लें तो निश्चित रूप से आप उन सफल लोगों के हुनर जान सकते हैं। आप वही परिणाम पा सकते हैं, जो उन लोगों ने हासिल किया हुआ है। सीखने और जानने की संभावना असीमित है। इसकी सीमा वही है, जो आपने स्वयं निर्धारित की है और आपकी सोच में है।

यहाँ एक दुःखद स्थिति है। प्रतिभा और हुनर में प्रतिबद्धता के अभाव में इसी दोष के चलते व्यक्ति टॉप पर जाने के बजाय औसत दरजे का बनकर रह जाता है। कोई भी एकाएक प्रतिभाशाली नहीं बन जाता। दीर्घकालिक लक्ष्य-यात्रा की तरह प्रतिभाशाली बनने का भी रास्ता लंबा और समय लेनेवाला है।

प्रवीणता प्राप्त करना

अपने क्षेत्र के शिखर (टॉप) तक पहुँचने में आपको कितना समय लगेगा? प्रवीणता पर 50 वर्षों के अध्ययन के बाद विशेषज्ञों ने क्या निष्कर्ष दिया है, गौर से देखें। किसी को भी अपने क्षेत्र के टॉप 10 प्रतिशत तक पहुँचने में लगभग सात वर्ष या 10 हजार घंटे का समय लग सकता है, बशर्ते कि उसका प्रयास अपने लक्ष्य पर ही केंद्रित हो।

एक न्यूरो सर्जन को सधा हुआ सर्जन बनने में सात वर्ष लगते हैं।

टॉप सेल्समैन बनने में भी सात साल लगते हैं। सफल उद्यमी बनने में भी सात वर्ष लग जाते हैं। डीजल मेकैनिक बनने में सात साल लगते हैं। आपने जो भी व्यवसाय चुना हो, उसमें मास्टरी हासिल करने के लिए सात वर्ष का समर्पित प्रयास चाहिए।

इन बातों के साथ जब मैं अपने श्रोताओं से मुखातिब होता हूँ तो बीच में उनकी निराशा और हताशा भरी प्रतिक्रिया मुझे सुनने को मिलती है। लेकिन तथ्य तो तथ्य है। काम तो करने से ही आएगा। आप औसत को पीछे छोड़ सकते हैं, लेकिन बीच के रास्ते पर नहीं चल सकते। इसमें सात साल या 10 हजार घंटे तक लगातार प्रयास करने होंगे, तभी आप अपने क्षेत्र के 10 टॉप विशेषज्ञ बन सकते हैं।

समय तो किसी तरह कट ही जाएगा

कभी-कभी लोग कहेंगे—'एक मिनट इंतजार कीजिए। मैं अभी 30 साल का हूँ। आप जैसा कह रहे हैं, उसके हिसाब से तो अपने क्षेत्र के 10 प्रतिशत टॉप की श्रेणी में आने और कोई बड़ा प्रतिलाभ या इनाम पाने से पहले मैं 37 वर्ष का हो जाऊँगा। क्या आप समझ रहे हो कि मेरी उम्र तब तक सात साल बढ़ जाएगी?'

मैं उसके बाद एक सरल सा सवाल पूछता हूँ, 'किसी भी तरह से सात वर्षों में आपकी उम्र कितनी बढ़ेगी? आप जितने के आज हैं, उससे सात साल ज्यादा के हो जाएँगे। आप 10 टॉप में जाना चाहेंगे या आज की तरह औसत आय में किसी तरह घिसटते जीवन का अधिकांश समय गुजार देंगे?'

व्यावसायिक सफलता में भी यही नियम चलता है। एक प्रमुख संस्थान की ओर से 30,000 व्यावसायिकों के अध्ययन के मुताबिक, एक नए व्यवसाय का पहले दो साल में सारा पैसा डूब गया। अगले दो साल

में उस व्यापारी ने अपने कारोबार से इतना पैसा कमाया कि पहले की सारी पूँजी वापस मिल गई। चौथे साल के अंत में उसने मुनाफा कमाया। सातवें वर्ष के पहुँचने के बाद से ही उसका मुनाफा चौतरफा बढ़ने लगा। उसकी पूँजी कैसे कई गुना बढ़ी, उसका जवाब पीटर ड्रकर की इस उक्ति में है—'पहले चार वर्षों में कोई व्यवसाय मुनाफा नहीं कमाता।'

खुद को फास्ट ट्रैक पर रखें

अब आपको सोचना है कि किस प्रकार आप अपने प्रयासों को फास्ट ट्रैक में डालें, ताकि शीघ्र परिणाम मिलें और सफलता के शिखर तक आप पहुँच सकें। जवाब बहुत आसान है—ज्ञान, हुनर और कड़ी मेहनत।

निरंतर सीखने और व्यक्तिगत तथा व्यावसायिक विकास पर एकाग्रचित्त हों। अपने व्यवसाय से संबंधित सामग्री हमेशा पढ़ते रहें। उसी में डूबे रहें। उसकी सी.डी. अपनी कार में रखें। उसमें नए हुनर की जानकारी, ऑनलाइन कोर्स, सेमिनारों के विवरण शामिल हों और आपके क्षेत्र के विशेषज्ञों, उत्कृष्ट एवं अच्छे वक्ताओं के वक्तव्य भी रिकॉर्ड किए हुए हों। सीखने और अपनी जानकारी को अद्यतन (अपग्रेड) करते रहने का सिलसिला कभी टूटने न पाए।

लगातार प्रैक्टिस से इस ज्ञान को हुनर में तब्दील कर लें। यह मानकर चलें कि जो भी नई तकनीक आप सीखने की कोशिश कर रहे हैं, वह पहली बार में काम नहीं करेगी। किसी भी हुनर को सीखने में उतना समय लगाएँ, जब तक कि उसमें पूरी दक्षता न हासिल हो जाए। पहले ही ऐसा मन बना लें और समय की परवाह न करें।

नया हुनर सीखना वैसे ही है, जैसे घर में कोई नई डिश बनाना सीखना। कोई जरूरी नहीं कि किसी अच्छे रसोइए जैसा आपसे भी डिश बने। लेकिन पहले प्रयास से आपको पता तो चलेगा कि तेल, मसाला या अन्य सामग्री आपने ठीक डाली हैं या नहीं और अगर गड़बड़ी हुई है

तो उसे आगे कहाँ ठीक करना है। अगले प्रयास में आप स्वादिष्ट और मनपसंद व्यंजन तैयार कर सकते हैं।

यही बात किसी व्यावसायिक हुनर के साथ भी लागू होती है। पहले प्रयास में गड़बड़ी हुई है तो उसे आगे कहाँ ठीक करना है। अगले प्रयास में आप स्वादिष्ट और मनपसंद व्यंजन तैयार कर सकते हैं।

यही बात किसी व्यावसायिक हुनर के साथ भी लागू होती है। पहले प्रयास में गड़बड़ी देखकर हतोत्साहित न हों। पहले से मन में बैठा लें कि ऐसा संभव नहीं है कि एक बार में ही आपको दक्षता हासिल हो जाए। लेकिन जब बार-बार आप सिर्फ उसी पर ध्यान केंद्रित करके कोशिश जारी रखेंगे तो दक्षता हासिल होकर रहेगी। और वह आपके जीवन भर की कभी न खत्म होनेवाली पूँजी बन जाएगी। अभी तक आपने जितने सफलता के सिद्धांत जाने हैं और सीखे हैं, उनमें सबसे महत्त्वपूर्ण यही है। □

9

अवचेतन मन को सक्रिय बनाएँ

'जो व्यक्ति अपने आपको पहचान लेता है और अपने अंदर की अवचेतन बौद्धिक वृद्धि से एकात्म स्थापित कर लेता है, उसका मन साधारण मनुष्य से अधिक तीव्र गति से काम करने लगता है। विवेक की उस शाश्वत शक्ति से आत्मसात् होने के बाद ही व्यक्ति जान सकता है कि वह अपने अंदर कैसा महसूस करता है।'

—राल्फ वाल्डो ट्राइन।

आज के विशाल यात्री जेट विमानों में जो अत्याधुनिक उपकरण लगे हैं, उनके बारे में सहज ही जाना जा सकता है। एक हाई-टेक कंप्यूटर विमान की हर जानकारी देने में सक्षम है। विमान उड़ाने से लेकर उतारने और पूरी व्यवस्था इतनी अत्याधुनिक तकनीकों से संचालित होती है कि मानव-रहित कंप्यूटर के जरिए ही सबकुछ नियंत्रित होता रहता है।

लेकिन इसके बावजूद हर विमान में पायलट का होना बहुत जरूरी है। इसके तीन प्रमुख कारण हैं—पहला, लक्ष्य निर्धारित करने के लिए उनकी आवश्यकता है। उन्हें यह भी देखना होता है कि उड़ने के दौरान

या उड़ने से पहले विमान में कहीं कोई तकनीकी खराबी तो नहीं आई। रनवे की टैक्सी और वायुमंडल में हवा का दबाव भी वही देखते हैं। दूसरा—विमान का हर कल-पुरजा सही काम कर रहा है या नहीं, यह देखने के लिए भी पायलट का होना जरूरी है। उड़ान के दौरान आँधी, तूफान और खराब मौसम के समय आगे का निर्णय लेना पायलट का काम है। तीसरा और सबसे महत्त्वपूर्ण पहलू यह सुनिश्चित करना है कि विमान सही-सलामत निर्धारित लक्ष्य पर उतरा। यह जिम्मेदारी जाहिर है कि पायलट की है।

अवचेतन मन : आपकी सबसे बड़ी शक्ति

आपका अवचेतन मन ठीक अत्याधुनिक व्यक्तिगत उड़ान संचालन व्यवस्था की तरह काम करता है। इस मन का इस्तेमाल करके सर्वप्रथम तो आप अपना सही लक्ष्य तय करते हैं। आप लिखते हैं और उसकी रूपरेखा बनाते हैं। जब आपके अवचेतन मस्तिष्क में लक्ष्य स्पष्ट हो जाता है तो यह आपके सुपर अवचेतन मस्तिष्क में चला जाता है और लक्ष्य पूरा होने तथा अपने गंतव्य तक आपके पहुँचने तक 24 घंटे काम करता है।

संपूर्ण मानव इतिहास में सुपर अवचेतन मस्तिष्क के बारे में चर्चा की गई है। धार्मिक, आध्यात्मिक और रहस्यवादियों ने इसे 'ईश्वरीय शक्ति' (दिमाग) माना है। राल्फ वाल्डो एमर्सन ने इसे 'सुपर आत्मा' कहा है। कार्ल जंग इसे 'सामूहिक अवचेतन' कहते हैं। नेपोलियन हिल ने इस शक्ति को स्पष्ट रूप में शाश्वत विवेक कहा है। उसने अपनी बात यह कहकर स्पष्ट की है कि अमेरिका में धनाढ्य लोगों ने इसी विवेक के इस्तेमाल की क्षमता हासिल करके सफलता पाई है। इसे 'अंत:प्रेरणा', 'अंतश्चेतना', 'अंतरात्मा की आवाज' समेत कई विशेषणों से संबोधित किया गया है।

आप धार्मिक, आध्यात्मिक या पारलौकिक शक्तियों में आस्था रखते

हैं या नहीं, इससे कोई फर्क नहीं पड़ता। आपकी अवचेतन मन की शक्ति इन सबसे प्रबल है। इसका सही तरीके से इस्तेमाल करके आप अपने लिए चुना गया कोई भी लक्ष्य हासिल कर सकते हैं और तब तक बिना रुके आगे बढ़ते रह सकते हैं, जब तक पूरी तरह अपने गंतव्य तक न पहुँच जाएँ। यह सफलता का सबसे बड़ा और महत्त्वपूर्ण रहस्य है।

आपका अवचेतन मन ही जीवन में लोग, विचार एवं संसाधनों तथा हावी होनेवाले विचारों में समन्वय करता है। यही सफलता के रास्ते सुझाता है।

आप सुपर कंप्यूटर की तरह सुपर अवचेतन मस्तिष्क से संपर्क स्थापित कर सकते हैं, जो आपको विचार, समाधान और निर्देश देगा। यह आपको कोई भी निर्णय लेने में ज्यादा सक्षम और सबल बनाएगा। जब आप नियमित रूप से अपने सुपर अवचेतन मन में सहायता माँगेंगे तो यह स्वचालित रूप से लक्ष्य-प्राप्ति से जुड़ी आपकी समस्याओं का समाधान आसान करने लगेगा।

इसके लिए अपेक्षित स्पष्ट कमान

आपका सुपर अवचेतन मन सकारात्मक सोच पर काम करता है। वही उसकी स्पष्ट कमान है। वर्तमान में मन के अंदर उभरे सारे विचार एक साथ मिलकर आपके अवचेतन और सुपर अवचेतन मस्तिष्क को गतिशील बनाते हैं। जब भी आप स्वीकारोक्ति दोहराते हैं कि अपना लक्ष्य आपने हासिल कर लिया है तो आप सुपर अवचेतन को सक्रिय करते हैं।

भावात्मक मानसिक छवियाँ, तसवीरें और कुछ देखकर उपजी भावनाओं से भी सुपर अवचेतन मस्तिष्क को जगाया जा सकता है। आपका लक्ष्य जितना स्पष्ट होगा, ध्येय के मानस-चित्रांकन की इच्छा एवं भाव जितना अधिक होगा, उतना ही तेजी से सुपर अवचेतन मन उन्हें आपके जीवन में साकार करेगा।

निरंतर स्वचालित रूप से कार्यशील

यह अनवरत स्वचालित रूप से काम करता रहता है। इससे बड़ा लाभ यह मिलता है कि लक्ष्य-प्राप्ति के रास्ते में आनेवाली आपकी तमाम समस्याओं का हल अपने आप सामने आता रहता है। अपने लक्ष्य स्पष्ट रूप में लिखकर और उसके प्रारूप को कार्यान्वित होनेवाली योजना के रूप में अंकित करके वास्तव में आप इसे अपने सुपर अवचेतन निर्देश सिस्टम में डालते हैं। वहाँ उस स्थिति को जीवन और शक्ति प्राप्त हो जाती है।

आप चाहे सो रहे हों या उनींदी अवस्था में हों या किसी अन्य काम में व्यस्त हों, उससे कोई अंतर नहीं पड़ता है। आपका सुपर अवचेतन मस्तिष्क प्रतिदिन चौबीसों घंटे काम करता रहता है। एक बार जब आपने अपना लक्ष्य तय कर लिया, आप अपने रोजमर्रा के काम में लग सकते हैं; जबकि आपका सुपर अवचेतन मस्तिष्क आपकी दिनचर्या से निष्प्रभावित आपके लक्ष्य पर दिन-रात काम करता रहता है और आपकी गुत्थियों को सुलझाता रहता है। ठीक इसी तरह इसका परिणाम सामने आता है, जैसे आप कंप्यूटर में कोई सवाल फीड करते हैं और आपको अपना जवाब मिलना शुरू हो जाता है।

आपका सुपर अवचेतन मस्तिष्क सबसे अच्छा काम तब करता है, जब आपका दिमाग शांत हो और आत्मविश्वास एवं आशा से ओत-प्रोत हो। अगर आप पूरे विश्वास के साथ सोच लें कि बिल्कुल आशा के अनुकूल निर्धारित अवधि के अंदर आप अपना लक्ष्य हर हाल में हासिल करके रहेंगे और उससे जुड़ी गुत्थियाँ सुलझाते हुए आप निर्विघ्न अपने पथ पर बढ़ते चले जाएँगे तो आपका सुपर अवचेतन मस्तिष्क उसी हिसाब से तेजी से तथा सक्षमता से काम करने लगेगा।

यह मस्तिष्क हमेशा आपके काम के लिए आपके लक्ष्य से संबंधित या किसी भी अन्य समस्या के समाधान के लिए आपके पास सदैव प्रस्तुत

रहता है। सिर्फ अपने मन के अंदर झाँकते रहने और उसकी आवाज सुनते रहने की जरूरत है।

यह आपकी खुशी और सफलता को समर्पित है

बस यों समझिए कि आपका सुपर अवचेतन मस्तिष्क आपका सेवक है। वह चाहता है कि आप सफल हों और महान् सफलता प्राप्त करें। वह आपको सुखी, प्रसन्न, स्वस्थ और संतोषमय जिंदगी जीते हुए देखना चाहता है।

लेकिन आपका सुपर अवचेतन मस्तिष्क यह भी जानता है कि एक बार अपना लक्ष्य प्राप्त करने के बाद आपको उस पर कायम रहने के लिए कुछ पाठ याद रखने होंगे, कुछ खास सबक का खयाल रखना होगा। इसमें आपको अपना गुरु और छात्र—दोनों स्वयं बनना है। शिक्षक के रूप में आप स्वयं को सबक दें और छात्र के रूप में उसका पालन करें। अपने आपसे हमेशा पूछते रहें कि गलतियाँ कहाँ हो रही हैं। अगर कहीं कुछ गलत हो रहा है तो देखें, यथासंभव उसे सही करने की कोशिश करें और विचार करें कि उससे आपने क्या सबक सीखा ?

तत्काल कदम उठाने को तैयार रहें

आपका सुपर अवचेतन मस्तिष्क आपके लिए सही समय से सही वक्त पर वही उपयुक्त जवाब सामने लेकर आएगा, जो आप चाहते हैं। लेकिन यह जवाब समय के साथ चलता है। ज्यों ही आपको सुपर अवचेतन का जवाब मिले, आप तत्काल सक्रिय हो जाएँ और तुरंत कदम उठाने को तैयार हो जाएँ।

जब आप किसी लक्ष्य या समस्या पर काम कर रहे हैं और आपको किसी को फोन करने की, किसी से बात करने की या कोई किताब खरीदने की जरूरत महसूस हो रही है तो देर न करें। सोच-विचार में समय न

गँवाएँ और तत्काल करें। कोई खास कदम उठाना हो तो देर न करें, तुरंत सक्रिय हो जाएँ। अगर आप चौबीस घंटे या कुछ मिनट रुक जाते हैं तो देर और फिर बहुत देर हो सकती है। अगर वह बात दिमाग से निकल गई तो कोई जरूरी नहीं है कि उस क्षण आपको उस स्थिति की जितनी अविलंब जरूरत महसूस हुई, वह क्षण फिर दोबारा लौटकर आए।

अवचेतन मस्तिष्क आपसे हमेशा विचार के रूप में बात करता है। इतिहास में कई बेहद सफल व्यक्तियों ने सिर्फ एक ही विचार को मन में बैठाकर और उस पर काम करके सफलता के महान् शिखर को प्राप्त किया है।

अवचेतन मस्तिष्क को कैसे सक्रिय/गतिशील बनाएँ

आप कई तरीकों से अपने अवचेतन मस्तिष्क को लगातार गतिशील बनाए रख सकते हैं। पहला और आसान तरीका यह है कि पहले एक-एक पेपर की शीट लें और जिस समस्या से आप जूझ रहे हैं, उसे विस्तार से लिख डालें। कभी-कभी लिखने के बीच में ही या लिखने के बाद आपको अंदाजा लग जाएगा कि समस्या की जड़ क्या है और इसके हल के लिए आपको क्या-क्या उपाय करने होंगे। जब आप इस उधेड़बुन से गुजरते रहेंगे कि इसमें क्या किया जा सकता है और क्या करें न करें, उसी समय अवचेतन मस्तिष्क आपको रिस्पॉन्स देगा—सही और स्थायी निदान देगा, जो आपको चाहिए।

दूसरा तरीका अवचेतन मस्तिष्क को सक्रिय करने का यह है कि आप अपनी समस्या पूरी तरह भूल जाएँ। किसी और काम में ऐसे जुटें और इतना व्यस्त हो जाएँ, मानो आपके पास उस समस्या के बारे में सोचने का वक्त ही नहीं है। उस काम के दौरान या उसे समाप्त करने के बाद आप खुद-ब-खुद महसूस करेंगे कि जिस समस्या की आपने बिल्कुल

परवाह नहीं की, उसका निदान आपके दिमाग में आया हुआ है। लेकिन याद रहे, आप जो भी करें, तुरंत करें। उसमें विलंब न हो और टले नहीं।

बड़े-बड़े महान् लोगों ने इस प्रक्रिया को अपनाकर सफलता हासिल की है। उन लोगों ने अपने अवचेतन मस्तिष्क के वश में होकर ऐसी गंभीर समस्याओं का समाधान प्राप्त किया, जिसको लेकर उन लोगों ने ज्यादा माथापच्ची नहीं की। उसे 'मस्तिष्क शांत' करना कहा। जब आप पूरी तरह शांत हो जाते हैं तथा आपका मन, दिमाग खाली या विचार-शून्य हो जाता है तो अकसर सुपर अवचेतन विचार पनपता है।

अवचेतन मस्तिष्क को गतिशील करने का मेरा अपना एक अलग तरीका है और वह है बिल्कुल एकाग्रचित्त हो जाना। यह सबसे अचूक तरीका है। आप चाहें तो आजमा सकते हैं। मात्र आधा घंटा आँखें बंद करके अपने आप में डूब जाएँ और पूरे शरीर तथा दिमाग को शिथिल छोड़ दें। लगेगा कि कोई चिंता आपको परेशानी में नहीं डाल सकती। मन-मस्तिष्क को ध्यान में केंद्रित करने के लिए उस दौरान कुछ न सोचें, न करें।

एकाग्रता में व्यवधान डालनेवाली हर चीज छोड़ दें। इसलिए आँखें बंद करके बैठना जरूरी है, ताकि किसी किताब या पत्रिका पर नजर न पड़े और चाय-कॉफी की इच्छा से ध्यान भंग न हो। इसे 'मौन साधना' कहा जाता है। इस अवस्था में बैठने के अभ्यास से चमत्कारिक परिणाम मिलते हैं। महान् चिंतक, लेखक और विचारक इसे 'चिरंतन विचारशीलता' की संज्ञा देते हैं।

आप अपने लक्ष्य या चिंता के बारे में कुछ सोचें ही नहीं। अपने दिमाग पर जरा भी जोर न डालें, बिल्कुल शून्य में रहें। अपने जीवन से जुड़ी बीती घटनाओं के विषय में या भविष्य की बात बारीकी से सोचें। अभी आप आसन की मुद्रा में या रिलेक्स मूड में आँखें बंद करके बैठेंगे

तो या तो दिमाग में कोई बात ही नहीं रहेगी या हर बात सिनेमा के दृश्य की तरह मानस-पटल पर उभरेगी। तनाव से मुक्त दिमाग में थोड़ी देर बाद एक विचार आएगा और आपको लगेगा, यही वह निदान है, जो आप खोज रहे थे।

अच्छे व मधुर शास्त्रीय संगीत भी अवचेतन मस्तिष्क में हलचल पैदा करते हैं। अपने अंतरतम की गहराई में डूबकर मन-मस्तिष्क को खाली छोड़ देने से भी दिमाग में ताजगी और सक्रियता आती है। कभी-कभी सोते समय या सवेरे जागने के वक्त भी दिमाग गंभीर समस्या का हल दे देता है। आप अपने बिस्तर के पास एक नोटबुक रखें और सोने से पहले या जागने के बाद अगर कोई विचार उभरे तो उसे तुरंत लिख डालें, ताकि आप भूलें नहीं। एक बार दिमाग से बात निकल जाने के बाद उसका वापस फिर आना कोई जरूरी नहीं।

आप व्यायाम, घूमना, टहलना, तैरना और दिल में रक्त-संचार बढ़ानेवाली शारीरिक गतिविधियों से भी अपने अवचेतन मस्तिष्क को गतिशील बना सकते हैं। इनसे मस्तिष्क में एंडॉर्फिन्स एवं डोपामाइन रिलीज होते हैं। इन रसायनों से आप आनंद तथा सुख (euphoria) का अनुभव करते हैं तथा साथ ही सुपर अवचेतन प्रेरणाएँ भी मिलती हैं। इसी वजह से अनेक लोगों को व्यायाम के बाद शॉवर में सर्वश्रेष्ठ विचार मिलते हैं।

जब आप अपने अवचेतन मस्तिष्क की नस-नस से परिचित होकर दिमाग की अद्‍भुत शाश्वत शक्ति पर भरोसा करने लगेंगे तो आपको असीमित संभावनाएँ दिखाई देंगी। आपका काम है सिर्फ खुद को अवचेतन दिमाग के वश में लाना और उसके अंदर मौजूद असीमित व अनंत संभावनाओं का इस्तेमाल करना। बस, भरोसा रखें, यह आपके लिए बिल्कुल सही वक्त पर सही रास्ता सुझाएगा।

अवचेतन समाधान

अगर आपने अवचेतन समाधान का संकेत प्राप्त कर लिया तो आप निम्न तीन तरीकों की बात कर सकते हैं, जो दूसरों के लिए भी प्रेरणा-स्रोत होंगे—

1. अवचेतन समाधान अपने आप में हर दृष्टि से परिपूर्ण है। इसमें आपकी समस्या या लक्ष्य से जुड़े सभी पहलुओं का विशद विवेचन है।
2. अवचेतन समाधान बिल्कुल स्पष्ट, सरल और आपकी क्षमताओं के दायरे में हल प्रस्तुत करता है। हासिल होने के बाद आपके मुँह से अनायास ही निकल जाएगा कि यह विचार और पहले मेरे दिमाग में क्यों नहीं आया।
3. अवचेतन विचार या समाधान की अनुभूति आपके अपने विवेक से ही जागती है। आपको स्वयं लगेगा कि यह बिल्कुल सही और उपयुक्त है। आप इत्मीनान और प्रसन्न महसूस करेंगे। आपके माथे से तनाव और चिंता दूर हो जाएगी। आप खुद इसे यथासंभव जल्द-से-जल्द कार्यान्वित करने को उत्सुक हो जाएँगे।

महान् नियम

अवचेतन कार्यकलाप का नियम कहता है—'कोई भी विचार, योजना या लक्ष्य अगर आपके दिमाग में काफी समय से घूम रहा है तो उसे घुमड़ता न छोड़ें और यथार्थ में परिणत करने के लिए यथाशीघ्र अवश्य ही उसे चेतन मस्तिष्क से निकालकर सुपर अवचेतन मस्तिष्क में डालें।'

यह इसकी महत्त्वपूर्ण परिभाषा है। आपका अवचेतन मस्तिष्क आपके लिए काम नहीं कर सकता, अगर आप अपने को अस्पष्ट और परस्पर विरोधी लक्ष्यों, विचारों तथा कल्पनाओं में भटकाते रहें।

'बाइबिल' में कहा गया है—'अनिश्चित सोचवाला व्यक्ति हर मामले में अस्थिरता तथा भटकाव में जीता है।'

इस एकनिष्ठ होने में इतनी शक्ति है, जो आपके मन-मस्तिष्क के सारे बंद दरवाजों के ताले खोल देती है। एक ही बिंदु पर फोकस करने और स्वयं को केंद्रित रखने की क्षमता बहुत आवश्यक है। जब आप अपना प्रमुख निश्चित लक्ष्य तय कर लेते हैं, तब सुपर अवचेतन मस्तिष्क आपके लिए काम करता है। यह एक ही लक्ष्य आपके जीवन पर इतना प्रभाव डाल सकता है कि आपकी दुनिया ही बदल जाएगी। अपने चेतन मस्तिष्क में इसे डालकर आपको लगातार इसी पर सोचते रहना होगा।

सुपर अवचेतन दिमाग या मन तक गतिशील होता है, जब आप विश्वास के साथ आगे बढ़ते हैं—पहला कदम, दूसरा कदम, तीसरा कदम और फिर लक्ष्य-प्राप्ति की ओर लगातार बढ़ते रहने का सिलसिला। इस प्रक्रिया के बढ़ते हुए उसी सुर में लगातार त्रुटियाँ भी सुधारते रहने की आवश्यकता है, जो सुपर अवचेतन दिमाग चाहता है। सारी विभिन्नताओं और प्रतिकूलताओं के बावजूद इस बात की परवाह न करते हुए कि आगे क्या होगा, पीछे न रुकने का माद्दा ही आगे ले जाता है।

इन तमाम गतिविधियों को एक ही धागे में पिरोकर जब आप स्वयं को ब्रह्मांड की महान् असीम शक्तियों के साथ एकात्म होंगे, उनसे जुड़ेंगे तो सफल मनोरथ या लक्ष्य पूरे करने में सहूलियत होगी।

□

10

शॉर्टकट या कोई आसान रास्ता न अपनाएँ

'कुछ लोग लक्ष्य के लगभग करीब पहुँच जाने के बाद अपनी योजना बीच में ही छोड़ देते हैं; जबकि अन्य लोग विजय-प्राप्ति के अंत तक वह जोश व जज्बा कायम रखते हैं, जिससे अपने अभियान की शुरुआत करते हैं।'

—हीरोडोटस

व्यक्तिगत सफलता का सबसे बड़ा शत्रु अगर कुछ है तो वह है—आसान और शॉर्टकट रास्ते की ओर झुकाव। इसको ज्यादा उतावलापन भी कहा गया है। पानी जब ऊँची पहाड़ी से नीचे ढलान की ओर गिरता है तो स्वाभाविक रूप से उसकी धार तेज होती है। बहाव आसान होता है तो धारा तेजी से बढ़ती है। अधिकांश लोग यही तरीका पसंद करते हैं। उनकी इच्छा रहती है कि वे जो चाहते हैं, उन्हें जल्दी से मिल जाए और आसानी से मिल जाए। वे लंबे समय तक सोच-विचार करके कोई ठोस योजना का प्रारूप तैयार करने में अपना दिमाग खपाना नहीं चाहते। वे चाहते हैं कि थोड़े समय और कम मेहनत में ही ज्यादा कुछ हासिल

हो जाए। आसान या शॉर्टकट रास्ता अपनाने की यह स्वाभाविक प्रवृत्ति ज्यादातर लोगों में देखी जाती है। ऐसे लोग या तो असफल होते हैं या उन्हें आधा-अधूरा लक्ष्य प्राप्त करके हताशा में संतोष करना पड़ता है।

अगर आप शारीरिक रूप से फिट बने रहना चाहते हैं तो उसका एक ही उपाय है। आप हर हफ्ते कम-से-कम 200 मिनट व्यायाम करें। व्यायाम के कई प्रकार हैं, जिसमें शारीरिक के साथ-साथ मानसिक फिटनेस भी शामिल है। शरीर को ऊपर-नीचे चलाएँ, विभिन्न दिशाओं में मोड़ें, घुमाएँ, जिसे योग-व्यायाम में कई तरफ से परिभाषित किया गया है। जैसे दाँत साफ करना, नहाना जरूरी होता है वैसे ही शारीरिक व्यायाम भी जीवन भर करना होगा।

ठीक उसी तरह अपनी आय-क्षमता बढ़ाने के लायक आप स्वयं को मानसिक रूप से अगर फिट रखना चाहते हैं तो आपको मानसिक काम करना होगा। आपको अपने क्षेत्र में प्रतिदिन पठन-पाठन और अध्ययन नियमित आधार पर जारी रखना होगा। आपको अपने संबंधित उद्योग या व्यवसाय के प्रति हमेशा ताजा-तरीन सूचनाओं से अवगत रहना होगा। आप अपनी कार में रेडियो के बजाय शैक्षणिक सी.डी. सुनें। आप टेलीविजन देखना छोड़कर अपने व्यक्तिगत और व्यावसायिक विकास में ज्यादा समय दें। आपको प्रतिदिन कार्य-योजना पर टिके रहना होगा।

कुछ भी या कुछ भी नहीं

मानव की सबसे प्रबल इच्छा होती है कि कुछ भी मिल जाए वहाँ, जहाँ कुछ मिलनेवाला न हो—थोड़ा ही सही, कुछ तो मिले। जल्दी से और आसानी से पैसा कमाने की चाहत ने कइयों को दिग्भ्रमित और लक्ष्य से भटकाया है। अत्यंत दु:ख के साथ कहना पड़ रहा है कि जल्दी से और आसानी से कुछ भी पाने की उम्मीद से अंत में निराशा हाथ लगती है। बाद में उन्होंने पाया कि जेब भरी तो नहीं, मगर खाली होते देर नहीं लगी।

कीमत चुकाने को तैयार रहें

कुछ भी उतना आसान नहीं है, जितना शुरू में नजर आता है। मूल्यवान और महान् उपलब्धि आसानी से हासिल नहीं होती। महान् लक्ष्यों की प्राप्ति सैकड़ों-हजारों छोटे प्रयासों से होती है। उन्हें आज तक किसी ने न तो देखा, न ही तारीफ की। हर महान् लक्ष्य वर्षों की कठिन मेहनत और अनुभव के परिणाम हैं। उसके लिए पूरे हफ्ते लगातार 60-70 से लेकर 80 घंटे तक बिना ब्रेक के और अवकाश के काम हुए हैं। उसमें कई निराशाएँ, असंभावित रुकावटें और हेडविंड सामने आई हैं।

आप अखबारों में पढ़ते हैं कि फलाना हाई-टेक कंपनी शुरू करनेवाले, गूगल या यू ट्यूब टाइप डॉट कॉम कंपनी की शुरुआत करनेवाले ने बहुत थोड़े समय में काफी पैसे कमा लिये। लेकिन अकेले अमेरिका के ही 2.6 करोड़ कारोबारों में इन लोगों का स्थान 1 प्रतिशत से भी कम है। उनके विषय में अखबारों में इसलिए छपता है, क्योंकि वैसे लोग विरले मिलते हैं। ज्यादातर धन कड़ी मेहनत, लगन और लंबे समय के संगठित प्रयास से अर्जित हुआ है।

उड़ान की चार 'C' (सी) का अभ्यास करें

जब आप कोई छोटा विमान उड़ाना सीखते हैं तो आपको बताया जाता है कि अगर अपकी पूँजी डूबे तो चार '**C**' (**सी**) का इस्तेमाल करें। ये चार सी हैं—Confess (स्वीकार करें), Climb (उठें), Confirm (पुष्टि करें) और Comply (पालन करें)। ये चार '**C**' आगे की सफलता की सीढ़ियाँ हैं।

सच का सामना करें

पहला '**C**' 'कन्फेस' है (मान लेना या स्वीकार करना)। ज्यों ही आपको लगे कि आपको नुकसान उठाना पड़ा है और आप रास्ता भटक

गए हैं तो आपको नजदीकी टावर से संपर्क स्थापित करके मान लेना चाहिए कि आपके साथ संकट है। कभी-कभी ऐसी स्थिति आती है कि छोटे विमानों के पायलट रास्ता भटक जाने के बावजूद विमान उड़ाते रहते हैं और अपनी गलती स्वीकार नहीं करते। वे मानने को तैयार नहीं होते कि उनके सामने समस्या है, जिसका हल वे नहीं निकाल पा रहे हैं। वे तब तक विमान हवा में उड़ाते रहते हैं, जब तक ईंधन खत्म होने पर विमान धराशायी न हो जाए।

ठीक उसी प्रकार आप अपने व्यावसायिक या वित्तीय जीवन में जब किसी समस्या का सामना करें तो इसे सहजता से उस व्यक्ति के आगे स्वीकारें, जो आपकी सहायता उस वक्त कर सकता हो। अगर आप वित्तीय संकट में फँसे हैं और व्यवसाय का मामला है तो तत्काल अपने बैंकर को बताएँ कि आपके साथ क्या गुजर रहा है। आपके बैंकर ने इस तरह की स्थिति का सामना किया हुआ है। और वह आपकी मदद को तत्पर हो जाएगा तथा निश्चित रूप से उसका रुख लचीला होगा। लेकिन बैंकर प्रायः चौंकानेवाले समाचार से चिढ़ते हैं और यह समझिए कि नफरत करते हैं। वे किसी समस्या की जानकारी देर से या इत्मीनान से देने में भरोसा नहीं करते। बैंकर इस बात को स्वस्थ रूप में नहीं लेते कि आप समझौते की सहमति के अनुसार भुगतान नहीं कर सकते।

अगर आपके व्यवसाय पर कोई संकट आ गया है तो आप अपने से मिलते-जुलते किसी कारोबारी से सलाह लेने में संकोच महसूस न करें। प्रायः व्यवसाय में हमेशा संकट आते रहते हैं और उसका समाधान भी निकलता रहता है। आपको पहिए का निर्माण या आविष्कार नहीं करना है, बल्कि उसमें आई गड़बड़ी को ठीक करते हुए उसी पहिए से गाड़ी चलाते जाना है। अपने अहं या ईगो को स्वयं पर हावी न होने दें।

सही और उचित नीति अपनाएँ

दूसरा **C** (सी) है—उठें, अर्थात् चढ़ना या उड़ान भरना। विमान में इसका मतलब यह है—कि आप जितना चाहें, ऊँची और ऊँची उड़ान भर सकते हैं तथा ऊपर से मनोवांछित दृश्य देख सकते हैं।

लेकिन व्यवसाय में और व्यक्तिगत जीवन में उड़ान भरना तथा उसकी सफलता इस बात पर निर्भर है कि आप उसमें कर क्या रहे हैं। साथ-साथ यह बात भी मायने रखती है कि आप अपना काम कितनी ईमानदारी से कर रहे हैं और अपनी मौजूदा स्थिति तथा समस्या के प्रति कितने गंभीर हैं। अपने लिए काम उस तरह से करें और ऐसी नीति अपनाएँ, जैसे आप अपने सलाहकार स्वयं हों। सवाल खुद से पूछें, जिसके बारे में हम पिछले पन्नों में विस्तार से चर्चा कर चुके हैं। शून्य-आधारित सोच का अभ्यास करें। जब स्थितियाँ दरकिनार हो जाएँ तो ज्यादा भावनाओं में न बहें, क्योंकि वे फिर से उभर सकती हैं।

आपकी शांत एवं आत्म-विश्वास से परिपूर्ण रहने की प्रवृत्ति से आप स्पष्ट रूप से समस्या पर विचार कर पाएँगे और मन उस पर एकाग्र रहेगा।

ईमानदार और स्पष्टवादी रहें

तीसरा C (सी) Confirm अर्थात पुष्टि है। इसका तात्पर्य सीधे एक्शन से है। नजदीकी रेडियो टावर से कहें कि आप कौन हैं और आप क्या देख सकते हैं। ऑपरेटर के सवालों का बिल्कुल सही और सटीक जवाब दें, जितनी आपकी क्षमता है। उससे कुछ भी न छिपाएँ। ऑपरेटर को आप अपने विषय में जितनी ज्यादा और जितनी सही जानकारी देंगे, उतने ही बेहतर तरीके से वह आपकी सहायता कर पाएगा।

जिंदगी जीने के रास्ते में भी जब आपको लगे कि किसी कारणवश गाड़ी पटरी से उतर गई है और सबकुछ सामान्य तरीके से नहीं चल पा रहा है तो आप अपने से जुड़े सभी लोगों को तत्काल पूरी बात बेबाकी व

ईमानदारी से बताएँ। अगर आप व्यवसाय में किसी समस्या से परेशान हैं तो अपने स्टाफ को सीधे व सपाट शब्दों में पूरी जानकारी दें तथा यह भी बताएँ कि उसके समाधान के लिए आप क्या कर रहे हैं। अगर आपके समक्ष उत्पादन या वितरण की समस्या है तो अपने ग्राहकों के बीच जाएँ और उन्हें वस्तुस्थिति से अवगत कराएँ। कोई सूचना अपने तक सीमित न रखें।

निजी जीवन में और व्यवसाय में सबसे महत्त्वपूर्ण सत्य यह है कि हर कोई हर बात जानता है। किसी से कुछ भी छिपा नहीं है। ज्यों ही कुछ होता है, लोग उस विषय में बातें करने लगते हैं—बात एक मुँह से दूसरे मुँह में जाकर फैल जाती है। कोई भी बात अफवाह के रूप में ज्यादा जल्दी और तेजी से फैलती है। लोग खराब-से-खराब बोलनेवाले और सुननेवाले की ओर ज्यादा ध्यान देते हैं। सुननेवाले से ज्यादा बोलनेवाले हो जाते हैं। इसके पहले कि लोग किसी अन्य के मुँह से सुनें, आप स्वयं सारी बातें बता दें।

जब आप बच्चे थे और पड़ोस में खेलते हुए आपने अपने पड़ोसी की खिड़की तोड़ दी, तब नियम क्या था—इस खबर को घर पहुँचाएँ। आपको यह सुनिश्चित करना है कि घर आकर अपने माता-पिता को ईमानदारीपूर्वक पूरी घटना की जानकारी पड़ोसी से पहले स्वयं दे दी जाए, ताकि माँ-पिताजी पड़ोसी को सुनकर नहीं चौंकें।

अपने काम और निजी जीवन में भी आप यही सिद्धांत अपना सकते हैं। 'चौंकाएँ नहीं' वाली नीति का अभ्यास करें। अपने और अपने काम के बारे में ईमानदारी, सपाट बयानी और सारा कुछ बिना किसी दुराव-छिपाव के स्पष्ट बोलनेवाली नीति अपनाकर आप अपने परिवार तथा समाज के लिए भी एक आदर्श छविवाला व्यक्ति बन सकते हैं। लोग आप पर भरोसा करेंगे, आपका समर्थन करेंगे और आपके बुरे दिनों में खुशी से आपका साथ देने तथा आपकी सहायता करने को तैयार हो जाएँगे। लोगों का विश्वास प्राप्त करने के लिए आपको विश्वास योग्य बनना होगा।

विशेषज्ञों की सलाह लें

अंतिम C (सी) Comply या पालन है। इसका मतलब यह है कि आप अगर छोटे विमान में संकट में फँसे हैं तो आप वही करें, जो ऑपरेटर कह रही है। आप उससे न तर्क करें, न बहस करें और न ही उसके बारे में कोई दूसरी धारणा बनाएँ। आप उसके निर्देशों का अक्षरश: पालन करें। ऑपरेटर के सामने उस वक्त एक ही लक्ष्य है कि कैसे वह सकुशल आपको जमीन पर वापस लाए। आपके व्यक्तिगत और व्यावसायिक जीवन में भी कुछ इसी से मिलती-जुलती स्थिति है। जब आप अपने बैंकर, मशीन या किसी व्यवसाय-सलाहकार से मशविरा करते हैं तो आपको उनकी सलाह तत्काल मानने के लिए उस स्थिति पर व्यवसाय-सलाहकार से मशविरा करते हैं तो आपको उनकी सलाह तत्काल मानने के लिए उस स्थिति में तैयार रहना चाहिए। इसका तात्पर्य यह नहीं कि आप उनकी सलाह पर आँख मूँदकर चलें, बल्कि इसका अर्थ यह है कि अगर आपको लगे कि उनकी सलाह आपकी समस्या का हल निकालने में मददगार होगी तो उस हिसाब से तुरंत चलें।

सफलता की पूरी कीमत चुकाने को पहले से ही तैयार रहें। जल्दी और आसानी से अमीर बनने तथा 'कुछ नहीं' की जगह थोड़ा भी प्राप्त करने के स्वाभाविक लालच से बचें। अंतिम विश्लेषण है कि अपने लक्ष्य की प्राप्ति का एकमात्र उपाय यही है कि आप मूल्यवान योगदान करें, कुछ भी मूल्य-आधारित योगदान। ऐसा कोई परितोष पाने का प्रयास न करें, जिसके लायक आपका काम नहीं है और ऐसा कुछ भी स्वीकार न करें, जिसके हकदार आप अपने कठिन काम की बदौलत न बनते हों। □

11

अपनी शंकाओं पर काबू पाएँ

'शंका की काट है—हिम्मत। यह शंका या डर को खत्म करना नहीं, उस पर विजय प्राप्त करना है।'

—मार्क ट्वेन

जीवन में अब तक जिस सबसे बड़ी चुनौती का आपने सामना किया होगा, वह है—भय पर विजय प्राप्त करना और साहस जगाना। मानवता का सबसे बड़ा शत्रु है भय।

फ्रैंकलिन डी. रूजवेल्ट ने कहा था, 'एकमात्र जो चीज हमें डराती है, वह खुद यही डर है।' उनका कहना था कि वास्तव में जो डर है, उससे ज्यादा हमें डर की भावना डराती है और चिंता, तनाव एवं दुःख के वही असली कारण हैं। जब आप साहस और अटल आत्मविश्वास की आदत विकसित करना शुरू करते हैं तो संभावनाओं का एक नया संसार आपके सामने आ जाता है। कल्पना करें कि अगर आप दुनिया की किसी भी चीज से नहीं डरते तो आप क्या सपना देखने की हिम्मत कर सकते हैं?

साहस की आदत विकसित करें

यह बड़ी अच्छी बात है कि अन्य आदतों की तरह साहस की आदत

भी बार-बार दोहराकर सीखी जा सकती है। हमें इसके लिए लगातार डर का सामना करने की और उसके काट की अपने अंदर हिम्मत पैदा करनी होगी, ताकि जीवन के तमाम अच्छे-बुरे, उतार-चढ़ावों का निडरतापूर्वक मुकाबला करते हुए आगे बढ़ते रहें। डर पर विजय प्राप्त करने और साहस विकसित करने की शुरुआत इस तरह हो सकती है कि आप पहले वैसी बातों को चिह्नित करें, जो आपको शंका में डालनेवाली हैं।

अधिकांश आशंकाओं की जड़ बचपन का माहौल और उसकी मन-मस्तिष्क पर पड़ी हुई छाप है, जो विनाशकारी आलोचना से जुड़ी है। इससे दो प्रकार की शंकाएँ उठती हैं—पहली, असफलता का डर, जो हमारे अंदर बार-बार यह सोच पैदा करता है—'मैं नहीं कर सकता, मैं नहीं कर सकता।' दूसरा है—ठुकरा दिए जाने का डर जो यह सोच पैदा करता है—'मुझे करना है, मुझे करना है, मुझे करना है।'

इन शंकाओं से घिरे रहने के कारण हम पहले से ही मन में यह संभावना पाले रहते हैं कि हमारा पैसा डूब जाएगा, समय बरबाद होगा या संबंधों में भावनात्मक निवेश भी समाप्त हो जाएगा। विचारों को लेकर और अन्य लोगों की संभावित आलोचनाओं को लेकर हम इतना संवेदनशील हो जाते हैं कि कुछ करने या कोई नया कदम उठाने से अपने ही मन में उठे खुद के तर्क-वितर्क से डरते हैं।

हमारा डर हमें निकम्मा और लाचार बना सकता है। यह डर हमें अपने सपने और लक्ष्य पूरे करने के लिए कोई सार्थक कदम उठाने से रोक सकता है। आशंकाओं से घिरे रहने पर हम नया कुछ करने या सोचने से हिचकिचाते हैं, घबराते हैं और अनावश्यक देर होती है। हम किसी नतीजे पर नहीं पहुँच पाते। हम खुद को ही सफाई दे-देकर तरह-तरह से संतुष्ट करते रहते हैं। आगे बढ़ने के बजाय हम बार-बार पीछे मुड़कर देखते हैं। डर हमें इतना हताश और टूटने की स्थिति में ला देता है कि हम अब

मैं कुछ नहीं कर सकता, क्या मैं कुछ कर सकता हूँ? मुझे करना है जैसे सवालों में उलझकर रह जाते हैं।

जितना ज्यादा जानेंगे, उतना ही कम डरेंगे

अज्ञानता की वजह से भी डर पैदा होता है। अगर हमारे पास सीमित जानकारी है तो शंका और संदेह हम पर हावी होगा, जहाँ से डर शुरू होता है। हम अपने काम के बारे में असुरक्षा और तनाव में चले जाते हैं। अज्ञानता हमें बदलाव से डराती है, अनजान से डराती है और किसी भी नए व थोड़ा अलग तरीके के प्रयास से डराती है।

लेकिन इसका उलटा भी सही है। किसी खास विषय के संबंध में ज्यादा-से-ज्यादा जानकारी एकत्र करने से साहस और आत्मविश्वास का भाव पैदा होता है। आप इसकी वास्तविकता को जीवन के उस हिस्से में महसूस कर सकते हैं, जहाँ कोई डर नहीं है और आपको पता है कि आप क्या कर रहे हैं। जो कुछ भी होता है, उसमें पूरे विश्वास के साथ यह देखने में सक्षम हैं कि क्या हो रहा है। डर का एक कारण बीमारी है। थकान और बीमारी का भय भी काम तथा मेहनत में बाधक बनता है। जब आप शारीरिक रूप से लाचार होते हैं तो आपको डर और हताशा साथ-साथ घेरती है—कब हम स्वस्थ होंगे और शरीर में इतनी ताकत कब आएगी कि जोश और उत्साह के साथ काम कर सकें।

अपने डर का विश्लेषण करें

जब आप जान लें कि कौन-कौन से कारक आपके अंदर डर पैदा करते हैं तो सबसे पहले निष्पक्ष रूप से सुनिश्चित करें और अपनी व्यक्तिगत शंकाओं का विश्लेषण करें।

एक सादा पन्ना लें और उसके ऊपर लिखें—'मैं किससे डरा हुआ हूँ?' याद रहे, सारे तेज लोग किसी-न-किसी चीज से डरे हुए हैं। यह

सामान्य और स्वाभाविक है। आपके शारीरिक, भावनात्मक और वित्तीय सुरक्षा के साथ-साथ उन लोगों से भी इसका संबंध है, जिनकी आपको फिक्र है। साहसी व्यक्ति वह नहीं है, जो भयभीत नहीं है। जैसा कि मार्क ट्वेन ने कहा है—'साहस भय की काट है, भय पर मास्टरी करना, भय का लोप होना है।'

यहाँ मुद्दा यह नहीं है कि आप भयभीत हैं या नहीं। डरे हुए तो हम सभी हैं। सवाल यह है कि आप डर से निबटते कैसे हैं ? सामान्यतया साहसी व्यक्ति वह है, जो डर के बावजूद आगे बढ़ता है। यही एक महत्त्वपूर्ण बिंदु काम करता है—जब आप डर से मुकाबला करते हैं और यह ठानकर आगे बढ़ते हैं कि देखें, डर का कारण क्या है, तो डर समाप्त हो जाता है। डर की जगह ले लेता है—आत्मविश्वास और वह मजबूत हो जाता है। जैसा कि एमर्सन ने लिखा है—'वही काम करें, जिससे आप डरते हैं और भय का नाश तो निश्चित है ही।'

इसके विलोम भी सही है। अगर आप उस चीज को टालेंगे, जिससे डरते हैं तो डर बढ़ता जाएगा और वह आपके जीवन को अपने शिकंजे में लेने लगेगा। डर के हावी होने से जाहिर है कि आत्मविश्वास कमजोर होगा और उसी के अनुरूप आत्मसम्मान भी समाप्त होता जाएगा।

इसकी सूची बनाएँ

डर चाहे छोटा हो या बड़ा, सबको लिख डालें और उसकी सूची बनाएँ। उसमें अपनी सारी चिंताएँ, तनाव, सिर का बोझ एक-एक करके दर्ज करें। अपने जीवन के काम के साथ-साथ निजी पहलुओं पर भी सोचें कि कौन-कौन सी चिंताएँ आपको घेरे रहीं। उन आशंकाओं और तनावों पर भी विचार करें, जिनके चलते अज्ञात भय से आप उस नौकरी से चिपके हैं तथा उन रिश्तों को ढो रहे हैं, जिनसे आप खुश नहीं हैं।

सबसे सामान्य भय है असफल होने का और ठुकराए जाने का, जो लगभग सबको सताता है।

असफलता के डर से कुछ लोग अपनी गलतियों को ढँकने या उचित ठहराने के लिए काफी ऊर्जा बरबाद करते हैं। अन्य लोग ठुकरा दिए जाने के डर से सोचते रहते हैं कि कैसे और किस रूप में खुद को समाज के सामने पेश करें। ऐसा क्या करें कि हमें स्वीकार कर लिया जाए। अपनी क्षमता पर इतना भरोसा नहीं होता कि स्वतंत्र रूप से कोई निर्णय ले सकें। उन्हें यह भय सताता रहता है कि जब तक कोई पुष्टि न कर दे, वे किसी नतीजे पर नहीं पहुँच सकते।

जिस तरह के डर और आशंकाओं के बारे में आप सोचते हैं कि आपके व्यवहार तथा विचारशीलता को प्रभावित कर रहे हैं, अगर आपने एक बार उनकी सूची बना ली तो फिर आप यह तय करने की स्थिति में आ जाएँगे कि उनमें से कौन सा भय ज्यादा बड़ा है। अर्थात् सबसे ज्यादा आपके व्यवहार पर प्रभाव डालता है। फिर उसी हिसाब से आप तय करें कि कौन सा डर नंबर दो है और कौन सा डर नंबर तीन है।

अपने डर को निष्पक्ष रूप में जाँचें

पहले से हावी आशंकाओं के मद्देनजर आप इन सवालों के जवाब लिखें—

1. कैसे इस भय ने मुझे जीवन में पीछे हटने को विवश किया?
2. इस डर ने कैसे अतीत में मेरी मदद की?
3. इन आशंकाओं को निर्मूल करने के बाद हमें क्या मिलेगा?

कुछ वर्ष पहले मैं खुद जब इन अभ्यासों से गुजरा तो मैंने पाया कि मेरा सबसे बड़ा डर है—गरीबी। मैं हमेशा इस बात से डरा रहता हूँ कि कहीं मेरे पास पैसा न हो, कहीं मैं गरीब न हो जाऊँ। मुझे पता था कि यह डर बचपन में ही मेरे मन में पैदा हुआ। मेरे माँ-पिताजी गरीब थे।

वे हमेशा पैसे के लिए चिंतित रहते थे। उसी हालत में मेरा पालन-पोषण हुआ। मैं 20 साल की उम्र तक कई बार इसके लिए झुँझलाया। आज जबकि मैं गरीबी से छुटकारा पा चुका हूँ और मेरे पास अपनी जरूरतों के लिए पर्याप्त पैसा है, यह डर मेरे मन में समाया हुआ है।

महत्त्वपूर्ण सवाल पूछें

मेरे पास पहले सवाल का जवाब है—'कैसे इस डर ने मुझे जीवन में पीछे की ओर खींचा?' इसने मुझे पैसे को लेकर जोखिम उठाने के कारण चिंता में डाल दिया। इसने मुझे नौकरी से लेकर भी समझौता करने को विवश किया। दूसरे सवाल का मेरा जवाब है कि कैसे इस डर ने मेरी सहायता की? डर की स्थिति आने से बचने के लिए मैंने अन्य लोगों के मुकाबले ज्यादा देर तक और ज्यादा कठिन काम किया। मैं ज्यादा सक्रिय और दृढ होकर काम करने लगा। मैंने विभिन्न सूत्रों से जानकारी एकत्र करने में अपना अधिक-से-अधिक समय लगाया और पैसे निवेश के अन्य उपाय खोजे। गरीबी के डर ने मुझे वित्तीय आजादी हासिल करने को प्रेरित किया।

जब मैंने तीसरे सवाल का जवाब दिया—'इस भय पर विजय पाने पर हमें क्या इनाम मिलेगा, यानी कि उसका फायदा क्या होगा?' मैंने तत्काल पाया कि खुद को ज्यादा जोखिम मोल लेने की स्थिति में महसूस करूँगा। अपने वित्तीय लक्ष्यों की प्राप्ति के लिए और भी आगे बढ़कर कदम उठाऊँगा। मैं खुद अपना कारोबार खड़ा कर सकता हूँ। मेरा यह तनाव खत्म हो जाएगा कि खर्च ज्यादा करना है या थोड़े से ही संतोष कर लेना है। हर चीज की कीमत की भी चिंता खत्म हो जाएगी।

इस तरह से अपने सबसे बड़े दुश्मन के हर रूप का विश्लेषण करके मैं पूरी तरह इसे परास्त करने में सक्षम हो जाऊँगा। मैं इस स्थिति में आ

जाऊँगा कि 'हमारा भय उलटे मेरी ताकत बन जाएगा।'—यह प्रसिद्ध वक्ता टोनी रॉबिंस की सबसे लोकप्रिय उक्ति है। यह क्षमता आप भी हासिल कर सकते हैं।

गुणवत्तापूर्ण साहस का अभ्यास करें

भय पर विजय प्राप्त करने के लिए जिस तरह का साहस और आत्मविश्वास आप अपने अंदर विकसित करना चाहते हैं, ठीक उसी प्रकार के कार्यकलापों में अपने को व्यस्त रखें; क्योंकि तभी वैसी आदत आपके अंदर विकसित होगी। जब आप बार-बार किसी अभ्यास को दोहराएँगे तो आहिस्ता-आहिस्ता वह आपकी नई आदतों में शुमार होता जाएगा।

सांसारिक वस्तुओं पर सफलता के लिए सबसे महत्त्वपूर्ण साहस जो आप अपने अंदर पैदा कर सकते हैं, वह है—अपने लक्ष्य के प्रति ज यादा-से-ज्यादा झुकाव, जैसे आस्था या विश्वास में होता है। यह नया कुछ करने या किसी नए अभियान की दिशा में प्रयास करने जैसा है। इसमें आरामतलबी और आसान रास्ता चुनने के बजाय कठिन तथा चुनौतीवाला अभियान ठानने की जरूरत है, जिसमें सफलता की गारंटी नहीं होती।

बेबसन कॉलेज में बारह वर्षों से उद्यम तकनीक पढ़ा रहे प्रो. रॉबर्ट रोंसटैड ने अपने एम.बी.ए. के छात्रों पर प्रयोग आजमाने के लिए अध्ययन कोर्स कराया कि उन्हें जीवन में क्या करना है और अभी तक उन्होंने क्या किया है। उनको यह जानकर आश्चर्य हुआ कि 10 प्रतिशत छात्रों ने अपना कारोबार शुरू कर दिया और वे सफल रहे। बाकी लोगों ने अन्य कंपनियों में काम शुरू कर दिया है और अपना अलग व्यवसाय खड़ा करने का सपना देख रहे हैं। अब इन दोनों गुटों में अंतर की व्याख्या कैसे की जा सकती है?

केवल एक गुण समान था—प्रतीक्षा करने के बजाय अपना उद्यम शुरू करने की इच्छा। रॉबर्ट ने इसे 'कॉरीडोर सिद्धांत' कहा है। इसकी व्याख्या

उन्होंने यह कहकर की है कि इन युवकों का नया व्यवसाय खड़ा करना ही कॉरीडोर की ओर बढ़ना है—तात्पर्य यह कि अवसरों के द्वार उनके लिए खुल गए। अगर हिम्मत नहीं करते तो उन्हें वे दरवाजे दिखाई नहीं पड़ते। छात्रों के बारे में अपने अध्ययन में प्रो. रॉबर्ट ने एक और धारणा बनाई कि अभी भी वे लोग उससे आगे नहीं पहुँचे थे, जितना उन्हें पढ़ाया गया था। जितनी हिम्मत बड़ी सफलता के लिए अपेक्षित है, वह उनमें नहीं थी। वे उद्यमी डर से तब तक अनिश्चितता और जोखिम उठानेवाले कॉरीडोर की दिशा में बढ़ने की हिम्मत नहीं करना चाहते थे, जब तक सफलता निश्चित नहीं हो। ऐसा आश्वासन कभी नहीं मिल सकता।

जोखिम उठानेवाले का ही भविष्य है

भविष्य उनका है, जो जोखिम उठाने को तत्पर हैं; उनका नहीं, जो सुरक्षा चाहते हैं। इस संबंध में जीवन के नियम बड़े अनोखे हैं। जितना ज्यादा आप सुरक्षित मार्ग अपनाएँगे, उतना ही कम आप हासिल करेंगे। अगर आप ज्यादा अवसर चाहते हैं तो ज्यादा-से-ज्यादा जोखिम उठाने को तैयार रहें। सफलता भी ज्यादा मिलेगी।

जब भी आप भय या चिंता महसूस करें तो उस समय आपको अपने अंदर ज्यादा हिम्मत पैदा करने की जरूरत है, जो आपके लक्ष्य की ओर केंद्रित हो। अपने लक्ष्य को वास्तविकता के रूप में देखें। कल्पना करें कि आपका आदर्श व्यक्ति आप स्वयं हैं और आप वह जिंदगी जी रहे हैं, जिसकी आपको लालसा है। आपका अवचेतन मस्तिष्क एक बार में एक ही विचार ले सकता है—लालसा का विचार या भय का विचार। अब आप स्वयं को सिर्फ लक्ष्य के बारे में सोचने और लगातार बात करने के लिए अनुशासित करेंगे तो आप अपना भय दूर करने तथा उसे कम करने की दिशा में बढ़ेंगे। जब आप इस पर फोकस होते हैं कि कैसे अपना लक्ष्य आप प्राप्त कर सकते हैं, आपका आत्मविश्वास और हौसला बढ़ेगा।

आपका अपनी भावनाओं और भविष्य पर पूरा नियंत्रण होगा।

ध्यान केंद्रित करने का नियम कहता है—'जब भी आप अपने लक्ष्य या अभीष्ट की ओर अपना ध्यान केंद्रित करते हैं और उसमें डूबते हैं तो उसके हासिल होने की संभावना बढ़ जाती है।'

हौसले का विकास

सुखी और सफल जीवन की पहली आवश्यकता है—भय पर विजय और हौसले या हिम्मत का विकास। साहस के विकास की आदत डालने के प्रति जब आप प्रतिबद्ध होंगे तो आप उस बिंदु की ओर बढ़ते जाएँगे, जहाँ निर्णयन पर भय का दुष्प्रभाव नहीं पड़ेगा।

आप चुनौतीपूर्ण और उत्साहवर्धक लक्ष्य हासिल करने की स्थिति में खुद को पाएँगे। हौसला बुलंद हो जाएगा और लक्ष्य के अंतिम पड़ाव तक पहुँच जाने का आत्मविश्वास मजबूत हो जाएगा। आप बिना रुके, बिना झटके किसी भी स्थिति का शांतिपूर्वक इत्मीनान से सामना करने में सक्षम हो सकते हैं।

□

12

सफलता मिलने तक रुकें नहीं

'सर्वोत्तम बनना निश्चित कर लें। आपकी पसंद का क्षेत्र चाहे जो भी हो, पर्याप्त पैसा आपके पास तभी रहेगा, जब आप 'सर्वोत्तम' की श्रेणी में आएँगे।'

—डॉन जी. मिशेल

सफलता का एक बेहद महत्त्वपूर्ण गुण है—आत्म-अनुशासन। यह क्षमता आपके चरित्र की शक्ति और आपकी इच्छा-शक्ति पर निर्भर है, जिससे आप तय करते हैं कि आपको क्या करना चाहिए और क्या नहीं।

आत्म-अनुशासन मन में ऐसा उत्साह बनाए रखता है, जो आप अपने चरित्र और स्वभाव से जगाते हैं। वही उत्साह लक्ष्य की ओर बिना रुके और बिना भटके उड़ान-यात्रा पर सन्नद्ध रखता है। समर्पित और आत्म-अनुशासित जीवन जीने का प्रतिलाभ मिलता है। इसकी जरूरत लक्ष्य के अंतिम छोर पर पहुँचने तक हमेशा रहती है।

यात्रा के पहले चरण से ही आपको आत्म-अनुशासन की आवश्यकता होगी। लक्ष्य पूरा होने की योजना बनाने में आत्म-अनुशासन से सहायता मिलती है, नई जानकारियों के मुताबिक अपनी योजनाओं के सुधार और संशोधन में सहूलियत होती है। प्रत्येक दिन अपने काम और प्राथमिकताएँ

निर्धारित करने तथा सबसे महत्त्वपूर्ण विषय तय करने में आत्म-अनुशासन से मदद मिलती है।

प्रतिदिन स्वयं को व्यक्तिगत रूप से विकसित और व्यावसायिक रूप से निवेश करने में आत्म-अनुशासन काम आता है। इससे आप यह सीखते हैं कि वास्तव में आपको सीखना क्या है, ताकि आपका यह विश्वास मजबूत हो कि अपना लक्ष्य आप हासिल कर सकते हैं। जीवन के किसी भी क्षेत्र में क्यों न आप अपनी ऊर्जा और योग्यता लगाएँ, वित्तीय आजादी तो सबकी पहली आवश्यकता है। वह आत्म-अनुशासन से ही कायम रह सकती है। यह ऐसा अस्त्र है, जो आपके विचार को लक्ष्य के सपने साकार करने पर केंद्रित रहता है और किसी प्रकार के भय अथवा शक को दूर रखता है। काम के दौरान विचारों को सकारात्मक और स्वस्थ बनाए रखने के लिए तथा क्रोध, चिंता, हताशा या खीझ जैसी समस्याओं से छुटकारा पाने में आत्म-नियंत्रण बहुत सहायक होता है।

आत्म-अनुशासन को कायम रखने की जरूरत

जब काम के क्रम में कोई कठिन चुनौती सामने आ जाए तो आत्मनियंत्रण की बदौलत ही उसका मुकाबला किया जा सकता है। किसी चीज पर बिना धैर्य खोए कायम रहना और अनुशासित तरीके से उसे किसी भी कीमत पर न छोड़ना मनुष्य का सबसे बड़ा व्यक्तिगत गुण है। यह आपका अपने आप पर और अपनी योग्यता पर भरोसा करने की क्षमता का परिचायक है।

प्रतिकूल और निराशाजनक स्थिति में भी आप धैर्य और आत्म-अनुशासन पर हर बार कायम रहते हैं तो आप समझिए कि ऐसी आदत विकसित करते जा रहे हैं। कायम रखने और रहने से आपके व्यक्तित्व में स्वाभिमान और उतनी शक्ति आ जाती है कि कोई भी समस्या आपको चिंता में नहीं डाल पाती।

बड़े-बड़े लोगों ने अपने लक्ष्य आत्मनियंत्रण और पूरे रास्ते बिना रुके, बिना भटके चलते रहने से हासिल किए हैं। सफलता के शिखर पर पहुँचने के क्रम में जितने भी अड़ंगे महान् लोगों के सामने आए, कोई भी उन्हें अपने लक्ष्य से विचलित नहीं कर पाया। इससे आपके अंदर सफलता की लौह क्षमता विकसित होती है। आपको अपने पथ से कोई डिगा नहीं सकता। इस गुण को हासिल करनेवाला अटल और दृढ हो जाता है।

सफलता का हॉलमार्क दृढता

जितने भी बड़े-बड़े उद्योगपति और उद्यमी अपने कारोबार में सफल हुए हैं, उन्हें सफलता के शिखर पर पहुँचाने का श्रेय जाता है उनकी दृढता को। इससे इतनी मजबूत इच्छा-शक्ति प्राप्त होती है कि वह व्यक्ति किसी भी विघ्न-बाधा से विचलित नहीं होता। आप किसी भी क्षेत्र में क्यों न आगे बढ़ रहे हों, यह क्षमता आपको कामयाबी के रास्ते की ओर बढ़ने में मददगार साबित होगी।

अमेरिका वर्ष 1890 में घोर महामंदी का शिकार हो गया। सारे कारोबार चौपट हो गए और हजारों लोग बेकार हो गए। एक व्यवसायी का होटल बैठ गया। उसके पास पैसा जितना कम था, समय उतना ही ज यादा था। देश के सामने खड़ी चुनौतियों के बावजूद उसने सभी लोगों को लगे रहने और अपना धैर्य तथा विश्वास खोए बिना प्रयासरत रहने को प्रेरित किया। इसके लिए उस व्यवसायी ने एक किताब लिखने की सोची।

लेखक का नाम है—स्वेट मार्डेन। एक अस्तबल टाइप के कमरे में छोटा सा कमरा लेकर स्वेट मार्डेन ने सारी कठिनाइयों को झेलते हुए पूरे साल की मेहनत से एक किताब लिख डाली। किताब का नाम रखा— 'पुशिंग टु द फ्रंट' उस किताब में कई ऐसे सफल पुरुषों और महिलाओं की कहानियाँ हैं, जो तब तक आगे बढ़ते रहे, जब तक कि सफलता हासिल न हो गई।

स्वेट मार्डेन ने जब अपनी किताब समाप्त की, उस वक्त शाम होने को थी। वे थक गए थे और उन्हें भूख भी लग रही थी। अंतिम पृष्ठ पूरा करके वे नीचे गली में उतरकर एक छोटे से कैफे में कुछ खाने गए। अब देखिए, उनके साथ क्या होता है। मार्डेन के खाना खत्म होने से पहले अस्तबल में आग लग गई और 5,500 पृष्ठों से भी ज्यादा की उनकी पांडुलिपि जलकर राख हो गई।

हिम्मत न छोड़े

पहले तो वे बड़े निराश और दुःखी हुए, लेकिन फिर उन्होंने महसूस किया कि उनकी किताब तो इसी उद्देश्य से लिखी गई कि कठिन-से-कठिन परिस्थिति में धैर्य और उत्साह खोए बिना जुटे रहें। न हताश हों, न निराश हों। उन्होंने अपनी अंतःप्रेरणा से ग्रहण किया कि जब वे स्वयं उस स्थिति से उबर नहीं पाएँगे तो लोगों को बताएँगे क्या? और उस अंतरात्मा की आवाज से पहले से ज्यादा उत्साह से स्वेट मार्डेन दोबारा उस किताब को लिखने में जुट गए और फिर से एक साल का समय लगाकर उसे पूरा किया।

पांडुलिपि समाप्त होने के बाद वे कई प्रकाशकों के पास गए, मगर मंदी के लगातार तीसरे वर्ष में वे सब भी बिल्कुल हताशा में जी रहे थे। प्रेरक और उत्साहवर्धक किताब छापने में किसी ने दिलचस्पी नहीं दिखाई। उन्होंने इनकार या ठुकराया जाना स्वीकार किया और अच्छे दिन का इंतजार करते रहे। उन्होंने शिकागो जाकर दूसरी नौकरी शुरू कर दी।

एक दिन उन्होंने अपने एक मित्र से अपनी पांडुलिपि का जिक्र किया, जो एक प्रकाशक को जानते थे। प्रकाशक उस पांडुलिपि को पढ़ते ही उत्साहित हो गया। प्रकाशक ने महसूस किया कि इस मंदी के समय में जो हताशा लोगों में व्याप्त है, उसमें ऐसी ही प्रेरक पुस्तक पढ़ने की

जरूरत है और ऐसे समय यह किताब पढ़ी जानी चाहिए। आखिरकार 'पुशिंग टु द फ्रंट' छपी और बेस्ट सेलर किताब साबित हुई। यह हजारों लोगों के लिए प्रेरणा-स्रोत बनी।

कई व्यावसायिकों और राजनीतिकों ने तो कहा कि इस किताब ने अमेरिका को 20वीं सदी में ला दिया। यह उस समय की सर्वाधिक प्रभावशाली प्रेरक पुस्तक मानी गई और इसने सर्वोत्तम व्यक्तित्व विकास की कृति का रिकॉर्ड बनाने का इतिहास रचा। देश में लोगों ने इससे प्रेरित होकर बड़े-बड़े निर्णय लिये। हेनरी फोर्ड, थॉमस अल्वा एडिसन, हार्वे फायरस्टोन और जे.पी. मॉर्गन जैसे महान् सफल व्यक्तियों ने स्वेट मार्डेन से बढ़कर प्रेरणा हासिल की है।

लगे रहें, जुटे रहें और बढ़ते रहें

स्वेट मार्डेन ने अपनी किताब में लिखा है—'सफलता की दो आवश्यक शर्तें हैं—एक तो यह है कि पूरी दृढता के साथ आगे बढ़ें और दूसरी है कि जो कुछ ठानें, उस पर बिल्कुल अडिग तथा कायम रहें।' उनके मुताबिक—'वह व्यक्ति असफल हो ही नहीं सकता, जो अपने अंदर की शक्ति पहचानता है, जो जानता ही नहीं कि हारना या पीछे हटना क्या होता है। वह व्यक्ति असफल नहीं होता, जिसने ठान लिया है कि किसी भी कीमत पर पीछे नहीं हटना है। वह स्थिति दृढ इच्छा-शक्ति से पैदा होती है, जो अपराजेय है। उस व्यक्ति के लिए असफलता नहीं है, जो गिरकर सँभलने में जरा भी देर नहीं करता। वह व्यक्ति असफल नहीं होता, जो उस समय भी अपने हौसले बुलंद रखता है, जब लोग ठोकर लगने के बाद अपनी क्षमता पर भरोसा खोने लगते हैं, जो उस समय भी आगे देखता है, जब प्रतिकूल परिस्थितियों के मद्देनजर हर कोई पीछे मुड़कर देखने लगता है।'

दृढता : आपकी सबसे बड़ी धरोहर

आपकी सबसे बड़ी धरोहर है—अपने लक्ष्य और उद्देश्य पर बिल्कुल कायम तथा दृढ रहना। किसी से भी ज्यादा लंबे समय तक धैर्य व विश्वास न खोना। मंदी के समय में बी.सी. फोर्ब्स ने इस 'फोर्ब्स' पत्रिका का प्रकाशन शुरू किया और जब सारे अमेरिकी हताशा में जी रहे थे, उस समय वे अपनी प्रकाशन संस्था को स्थापित करने में जुटे हुए थे। आज दुनिया की सर्वाधिक प्रचारित-प्रसारित पत्रिकाओं में से एक 'फोर्ब्स', के संस्थापक ने लिखा है—'इतिहास ने साबित कर दिया है कि अधिकांश विजेताओं ने विघ्न-बाधाओं को तोड़कर विजय का डंका बजाया है।' जो प्राय: आदमी को तोड़ देता है। वे इसलिए जीते, क्योंकि उन लोगों ने हार के साथ समझौता करने से इनकार कर दिया।

अपने हुनर और मेहनत की बदौलत एक समय में दुनिया के सबसे अमीर आदमी बने जॉन डी. रॉकफेलर ने लिखा है—'मैं समझता हूँ कि दुनिया में सफलता के लिए दृढता से बड़ा कोई दूसरा गुण नहीं है कि आप किसी भी कीमत पर अपने लक्ष्य से पीछे न हटें। दृढता और अपने वजूद पर कायम रहने का माद्दा ऐसी शक्ति है, जो प्रकृति को भी पराजित कर देती है।' टेक्सास में एक छोटे से हिल्टन होटल से कारोबार शुरू करनेवाले कोनार्ड हिल्टन आज दुनिया के सफलतम होटल व्यवसायियों में गिने जाते हैं। उन्होंने इस सफलता के विषय में कहा है—'सफलतम का सीधा संबंध आपके एक्शन से है। सफल लोग कभी सुस्ती या आलस महसूस नहीं करते, हमेशा गतिशील रहते हैं। भूलें होती हैं तो सुधारते हैं, मैदान नहीं छोड़ते।'

निराशा अवश्यंभावी है

बुद्धिमान लोग हमेशा इस प्रयास में रहते हैं कि कोई समस्या या कठिनाई उन्हें रोजमर्रा के क्रिया-कलापों में बाधा न पहुँचाने पाए। वे निराशा

की स्थिति की काट पहले से तैयार रखते हैं, क्योंकि यह अवश्यंभावी है, जो व्यक्ति को प्रतिकूल परिस्थितियों में घेरती हैं। निराशा और परेशानी बिल्कुल सामान्य व स्वाभाविक प्रक्रिया है। जीवन में आनी ही है। आप इसे रोक नहीं सकते। आपके हाथ में सिर्फ इतना ही है कि इसका निदान प्रस्तुत रखें, जो सभी सफल लोग करते हैं। मृत्यु और कर की तरह यह भी आपके रोकने से रुकनेवाली नहीं है। लेकिन अनुभव से सिद्ध हो चुका है कि यह निराशा से भी बचा सकता है।

इससे कोई फर्क नहीं पड़ता कि निराशा से बचने के आपने कितने और क्या-क्या इंतजाम किए हैं। परेशानियों के साथ जब आपको यह घेरेगी तो एक बार सोचना तो पड़ जाएगा। जितना बड़ा और ऊँचा लक्ष्य लेकर आप चलेंगे, उतनी ही परेशानी व निराशा आपको घेरेगी।

यह एक विरोधाभास है कि आप तब तक अपने अंदर की संभावनाओं का भरपूर दोहन नहीं कर सकते, जब तक कि परेशानियों और कठिनाइयों से लड़ते हुए आगे बढ़ने का जज्बा न हो। उसी से तो आदमी सीखता है। अधिकांश सबक सीखने का अवसर परेशानियाँ और तात्कालिक पराजय देती हैं। इसका सामना किए बगैर आप बड़े लक्ष्य को प्राप्त नहीं कर सकते। हम लाख जतन कर लें, प्रतिकूल स्थिति अप्रत्याशित रूप से अवश्य आएगी। इसके बिना आप संभव ध्येय प्राप्त करनेवाले व्यक्ति के रूप में विकसित नहीं हो सकते।

प्रतिकूलता : आपकी असली परीक्षा

इतिहास में जितने भी सफल व्यक्ति हुए हैं, सभी ने इस विरोधाभास का सामना करते हुए यह परीक्षा पास करके अपना महान् लक्ष्य प्राप्त किया है। यूनानी दार्शनिक हीरोडोटस ने कहा है कि प्रतिकूलता व्यक्ति को अपने अंदर की शक्ति को पहचानने का अवसर देती है। महान् सफलता इस बात पर निर्भर है कि अपने-सामने आनेवाली चुनौतियों का सामना

आप कितने धैर्य और साहस के साथ करते हैं।

हर व्यक्ति कदम-कदम पर कठिनाइयों का सामना करता है। छोटे और महान् अभीष्टकर्ताओं में फर्क यही है कि महान् लक्ष्यों को लेकर चलनेवाले बाधाओं से सीखते हैं, मजबूरी हासिल करते हैं; जबकि छोटे लक्ष्यवाले घबराकर कमजोर पड़ जाते हैं और अपने लक्ष्य से भटक जाते हैं।

विफलता से एक कदम पीछे सफलता है

सफलता हमेशा तभी मिलती है, जब आप असफलताओं से परेशान होकर मैदान छोड़नेवाली हालत में भी एक कदम आगे बढ़ जाते हैं। सारे महान् लोगों ने इसी हौसले के बल पर बड़ी सफलताएँ हासिल की हैं, जिसका इतिहास में जिक्र है। वास्तव में, परेशानी में ही धैर्य और साहस की परीक्षा होती है, जिसे पास करने के बाद ही बड़ी सफलता मिलती है।

अमेरिका के गिने-चुने उद्योगपतियों में से एक एच. रॉस पेरॉट का कहना है—'ज्यादातर लोग उस समय पीछे हट जाते हैं, जब सफलता उनके करीब होती है। घबराकर भाग जाने से एक गज की दूरी पर मौजूद सफलता अंतिम क्षण में उनके हाथ से निकल जाती है।' रॉस पेरॉट ने सिर्फ 1,000 डॉलर की पूँजी लगाकर ई डी पी उद्योग शुरू करके उसे 3 अरब डॉलर के कारोबार तक पहुँचाया।

चाहे कितनी भी परेशानी क्यों न हो, अडिग और कायम रहना विजेताओं का गुण है। यह ऐसा गुण है, जो बार-बार की हार से विचलित हुए बगैर महान् सफलता की ओर बढ़ते रहने में सहायक होता है। यह किसी अज्ञात रचनाकार की कविता है, जो एक प्रकार से सफलता का अनमोल संदेश है। मेरे विचार में, हर किसी को यह कविता कंठस्थ करके इसे अपने जीवन में उतारना चाहिए। इसका शीर्षक ही है—'छोड़ें नहीं'।

'छोड़ें नहीं'

जब कोई बिगड़ती है, समझें ऐसा भी होता है,
जिस पथ पर आप चल रहे हैं, वो पहाड़ जैसा होता है,
जब दाम हों बहुत कम और कर्ज का हो बोझ,
चिंता-फिक्र छोड़कर चैन से मुसकराओ रो
जब परेशानी आमादा हो कि कैसे इसे तोड़ें,
तो आप राह अपनी कतई नहीं छोड़ें,
जिंदगी भरी है पेंचों और घुमावों से,
सीखें उससे आए दिन अपने मन के भावों से,
कई नाकाम राही राह में पिछड़ जाते हैं,
कामयाब वही होते हैं जो अड़े रह जाते हैं,
ऐसा न हो कि धीमी चाल कहीं आपको गिरा दे,
हौसला हो ऐसा जो इस आड़ को उड़ा दे,
नाकामी/कामयाबी एक-दूजे में समाए हैं,
मन में क्यों बादल संदेह के छाए हैं,
दूर नजर आती है जो वो आपके करीब है,
कठिन में भी जो डटा रहा, उसी का नसीब है,
जब लगे कि हालात बहुत खराब हैं,
तो छोड़कर न भागना ही उसका जवाब है।

☐

सफलता कोई संयोग नहीं

'प्रतीक्षा न करें। समय कभी आपके हिसाब से नहीं चलेगा। आप जहाँ खड़े हैं, वहीं से और जो भी साधन आपके हाथ में हैं, उसी से शुरू कर दें। जब आप आगे बढ़ेंगे तो उससे बेहतर साधन आपके पास आ जाएगा।'

—नेपोलियन हिल

एक प्रसिद्ध उक्ति है कि 'विवेक ही सर्वप्रमुख चीज है, इसलिए आप विवेक हासिल कर लेने के बाद बाकी सबकुछ प्राप्त करने की स्थिति में आ जाएँगे।' युगों-युगों से एक बात प्रमाणित है कि आदमी की सबसे अनमोल निधि है—उसकी बुद्धि। सारे महान् और सफल लोग, जो जीवित हैं तथा जो इस दुनिया में नहीं हैं, अपनी बुद्धि की बदौलत ही प्रशंसा और सम्मान के हकदार बने हैं।

रोजमर्रा की जिंदगी में भी आप किसी-न-किसी उलझन के समय, चाहे वो सामान्य हो या अपने लक्ष्य से जुड़ा हो, अनुभवी ज्ञानियों से सलाह लेते हैं।

अरस्तू ने कहा था—'बुद्धिमत्ता अनुभव और उसकी प्रतिच्छवि का समान मापदंड है। बुद्धिमान होने का मतलब किताबी ज्ञान नहीं है। यह आपको अपने अनुभव से सीखना होगा और उसकी प्रत्यक्ष प्रतिच्छवि अपने

काम में महसूस करनी होगी। विचारकों के सान्निध्य से और अनुभवी ज्ञानियों के संपर्क में आकर व्यावहारिक रूप में सिद्ध किया हुआ ज्ञान प्राप्त किया जा सकता है।'

जो आप बनना चाहते हैं

अधिकांश लोग यह सपना देखते हैं कि उनके पास खूब पैसा हो। वही उनका लक्ष्य होता है और वही चाहत होती है कि वे वित्तीय रूप से स्वतंत्र बनें। लगभग सभी के मन में यह सपना होता है कि एक दिन वे करोड़पति बनें। यह लक्ष्य हासिल करना कठिन नहीं है, बशर्ते कि इसके लिए कठिन संघर्ष और मेहनत लंबे समय तक करते रहने की आपकी बलवती इच्छा हो।

लेकिन करोड़पति बनने या कोई अन्य लक्ष्य हासिल करने के लिए सबसे महत्त्वपूर्ण स्वयं 'लक्ष्य' नहीं है; लक्ष्य-प्राप्ति इस पर निर्भर है कि पहले आप स्वयं को वैसा लक्ष्य हासिल करने लायक बनाएँ।

ऐसा कुछ हासिल करने के लिए, जो आपने पहले प्राप्त नहीं किया हो, आपको भी वैसा कुछ बनना होगा, जैसा आप पहले कभी नहीं थे। आपको अपने अंदर वैसे गुण और वैसी विशेषताएँ विकसित करनी होंगी, जो आप में पहले कभी नहीं थीं। आपको वैसे हुनर सीखने होंगे, वैसी क्षमता हासिल करनी होगी, जो आप में पहले कभी नहीं थीं और आपने पहले नहीं सीखीं। महान् सफलता हासिल करने के लिए आपको भी महान् व्यक्ति बनना होगा। अपनी ही परिभाषा के मुताबिक अगर आपको वाकई सही मायने में सफलता हासिल करनी है तो आपको अपने मन-मस्तिष्क में स्वयं की एक सफल व्यक्ति की छवि बनानी होगी।

चरित्र ही सबकुछ है

जब हम महान् या प्रशंसनीय व्यक्तियों के विषय में चर्चा करते हैं

और उनके विषय में सोचते हैं तो उनकी भौतिक जरूरतों तथा उससे जुड़े लक्ष्यों की बात प्राय: नहीं करते। इसकी बजाय हम जिन्हें अपना आदर्श मानते हैं और अपने-अपने क्षेत्र में महान् परिणाम हासिल करनेवालों का जिक्र करते हैं तो उनके व्यक्तित्व के सबसे महत्त्वपूर्ण पहलू को छोड़ देते हैं। महान् लोग जिसके बल पर महान् लक्ष्य प्राप्त करने में सफल होते हैं और जिनकी उल्लेखनीय सफलता की हम चर्चा करते हैं, वह है उनका महान् चरित्र तथा भौतिक आदर्श।

आप जो महान् लक्ष्य जीवन में हासिल करना चाहते हैं, उसमें आपके अंदर की तमाम संभावनाओं के साथ-साथ आपका सबकुछ—नैतिक चरित्र, आपका विवेक, स्वभाव और सक्षमता शामिल है। ये सब भी मायने रखते हैं और इन सबका मिला-जुला संगम है आपके महान् लक्ष्य की प्राप्ति। आपकी जवाबदेही है आपको ऐसा विशिष्ट व्यक्ति बनाना, ताकि दुनिया में सबसे अलग एक विशिष्ट व्यक्ति की तरह आपकी पूछ हो।

यही है सफलता का वास्तविक रहस्य। किसी भी क्षेत्र में वास्तविक सफलता सामान्यतया सैकड़ों और हजारों छोटी-बड़ी चीजों का मिला-जुला परिणाम है। उसमें वह है, जो आप करते हैं और वह भी है, जो आप नहीं कर पाते हैं। सफलता की न तो कोई कुंजी है और न इसमें कोई रहस्य है। लेखक मेंडिनो ने एक बार मुझसे कहा था, 'सफलता का सबसे बड़ा रहस्य यही है कि यह कोई रहस्य नहीं है। सिर्फ विश्व व्यापी शाश्वत विचार सिद्धांत हैं, जिसकी खोज बार-बार होती रही है।'

प्रत्येक सफ़ल व्यक्तियों ने तीन महत्त्वपूर्ण कदमों की बार-बार खोज की है, जो इस प्रकार प्रस्तुत किए जा सकते हैं—

1. वही तय करें, जो आप चाहते हैं और उसे योजना की शक्ल में लिख डालें। अपना लक्ष्य निश्चित कर लें।
2. एक्शन में आ जाएँ और लक्ष्य-प्राप्ति का अभियान छेड़ दें। विश्वास

के साथ बढ़ें। पहला कदम यह सोचकर उठाएँ कि सफलता की गारंटी नहीं है। यात्रा पर रवाना हों।

3. अपने लक्ष्य उड़ान के साथ-साथ मन में पूरी तैयारी कर लें कि आपको जीवन में प्रतिदिन हर घंटे त्रुटि-सुधार करते हुए आगे बढ़ना है। यह मानकर चलें कि बड़ी-बड़ी समस्याएँ, कठिनाइयाँ और विचलित कर देनेवाले संकटों का सामना आपको करना पड़ेगा। ऐसी समस्याएँ हर हफ्ते, हर रोज आ सकती हैं। यों कि उन्हें रोकना आपके वश में नहीं है, इसलिए प्रभावी ढंग से उनसे निजात पाने को तैयार रहना होगा।

अभी, इसी वक्त निर्णय लें और अपना लक्ष्य तय करें। साथ में वे भूलें भी सुधार लें, जो आगे होने की संभावना है।

□□□

* 9 7 8 9 3 5 2 6 6 0 6 1 2 *

FCW - #0115 - 061026 - C0 - 216/140/9 - PB - 9789352660612 - Matt Lamination